我們這一代

一個半導體工程師的回憶錄

胡國強

謹以此書獻給我在天上的父母親

目次

第2章 我的職場生涯

第3章 浩浩親恩

第二篇 分享

第三篇　附錄

李家同推薦序

我很少替人寫序，但是胡國強找我寫序，我立刻就答應了。胡先生找我寫序的時候，我還沒有看過他寫的文章，為什麼我會立刻答應呢？道理很簡單，胡國強是一個性情中人，性情中人所寫的書，一定是很值得看的。

我想得沒錯，胡國強的這本自傳的確很好看，對我而言，有兩大部分最值得一看，第一部分是講他父母在中國大陸的遭遇，第二部分是他的工作。

胡先生的父母當年在大陸所經歷的事情都是現代人無法想像的，比方說，我們都聽說過「土匪」這個名詞，可是很少人知道土匪究竟是怎麼一回事，偶爾在小說裡看到有關土匪的情節。對我而言，這些都是小說裡的鋪陳，並非真有其事，沒想到在胡先生的自傳裡，我們可以看到有關土匪的真實事件。

胡先生的父母在大陸時的家庭是所謂的大家庭，很多小說會描寫大家庭的種種問題，看胡先生的自傳，等於看小說，唯一不同的是這些情節都是真實的。

胡先生在台灣時曾經做過聯電的執行長，比較少人知道他在美國的工作經驗，他的工作都和半導體有關。半導體工業是台灣非常重要的工業，看胡先生的書當然不見得就因此而能徹底了解半導體工業是怎麼一回事，但一定會增加對半導體工業的認識。

我看過很多人的自傳，有的人還沒有退休就在寫自傳，因為他們一有機會就會告訴大家他見過某某大人物，演講的時候也會將相關照片給大家看。胡先生一定見過很多有頭有臉的人，但是他的自傳裡卻很少提到什麼大人物，這不稀奇，我前面說過，他是個性情中人。

任何人看了胡先生的自傳以後，一定會有一個結論：胡先生相當冷靜。他在自傳中表達了一些看法，從這些看法中，我們可以看出胡先生是會冷靜思考的人。在我和胡先生交往的過程中，也感到他不是主見過深的人，也就是說，他對別人的看法也會有興趣。

我感到胡先生似乎真正想退休了，因為寫自傳的人都是不想再現身江湖了。我認為胡先生夠冷靜，有分析的能力，肯傾聽別人的意見，也有學問，太早退休是很可惜的。我期待胡先生再創事業，不是為自己的利益，而是為了國家社會的利益。我們的國家的確有不少優秀的年輕工程師，但也總需要有經驗的人來領導。

胡先生請我寫序，他一定會發現這篇序與眾不同。

李開復推薦序

幾年前，因病回台治療，有幸在一位高人的課堂中結識了胡國強博士。每週上課時，只覺得他是一位溫文儒雅、善於發問的長者。一次課後午餐，才了解他是一位深藏不露的高人，有著輝煌的職場和創業經驗。非常榮幸，能夠為他的新書《我們這一代：一個半導體工程師的回憶錄》寫推薦文。

如書名所言，國強兄是一位典型的頂尖工程師。在這本書裡，我們看到他的「學霸」生涯，建中、台大畢業，赴美留學，然後從基層做起，做到執行長、董事長。他打破了美國的「玻璃天花板」*，成為大批美國天才工程師的老闆。在事業高峰，他

* 編註：玻璃天花板（Glass Ceiling），意指可望而不可及。指在公司企業和機關團體中，限制某些人口族群（例如女性、少數族裔）晉升到高階經理及決策階層的障礙。

又回到台灣，接管了台灣最頂尖的企業之一。在他的職業生涯中，他參與了PC革命（CPU設計）、圖像革命（繪圖晶片設計）、行動革命（GPS設計）。

我認為他的成功可以用一個公式來描述：

聰明＋家教＋勤奮＋厚道＋感恩＋機遇。

我強力推薦這本書給台灣的年輕人，台灣年輕人可以從這本書中學到很多：

◆**擁抱世界、敢於嘗試**：國強兄拒絕成為井底之蛙。他看到台灣教授和國外的差距，選擇當家教也要掙一張機票，到世界頂尖的學府。他勤學英語，真正地打入了美國人的企業。

◆**尋找火箭、隨之飛騰**：年輕人應該尋找快速上升的領域和企業，才能從中得到快速成長的機會。國強兄經過多學科自我測試和精密的產業分析，找到了半導體這個「超速火箭船」的行業。更難能可貴的是：他在這個大行業中，不斷地找到行業內的「上升火箭」，如CPU、繪圖晶片、GPS、一共參與了三家市值超過十億美元的大公司，其中兩家是他從初創階段參與的。

◆**勤奮努力、追求卓越**：國強兄特別勤奮，他為了考試背下整篇「中華民國憲法」。在名校博士畢業，進入頂尖企業之後，他花了六年時間，晚間讀書，繼續攻讀ＭＢＡ（商學碩士）學位。

◆**細膩分析、智慧選擇**：在現今這年輕人迷茫的時代，國強兄智慧的選擇猶如一盞明燈。他總是給自己最多機會：在申請留學的同時，他也準備高考；在接管更大的團隊時，他依然不放下技術；在多次達到事業高峰時，國強兄正確地決定從山上下來，才能走上更高的下一座山。

◆**熱愛家庭、孝順父母**：國強兄在書中對家人的懷念和熱愛，讓人動容，尤其是感念父母的敦促和心血。父母生病，他放下執行長的工作，親力親為的照顧他們。他是真正的孝子。

◆**充滿自信、保持謙虛**：從國強兄的一生，我們可以看到：自信和謙虛不是二選一的。一個同時自信而又謙虛的人，會勇於嘗試，樂於學習，但是不會陷入驕傲自滿的狀態。

雖然國強兄是位工程師，但是他的文筆甚佳，很會講故事。這本書和故事書一樣地好看。這本書裡面有：

- ◆高凌風、蔡明介、曹興誠、張純如等人的事蹟。
- ◆美國企業面臨跌宕起伏，追尋卓越的描述。
- ◆一位老父親從繁華進入簡樸的過程中得到智慧，對兒孫留下最珍貴禮物的感人事蹟。
- ◆一位「人生勝利組」的組員，如一位普通工程師一般地毫無架子，對現今台灣年輕人的迷茫提出樸實、真誠、可行的建議。

希望台灣青年都能閱讀這本充滿智慧的書，做出如同胡國強先生般智慧的選擇。

自序

二〇一五年七月中旬，我交卸了新能微電子公司的職務後，第二天早上八點就開始寫這本回憶錄。這是我構思了許久，一直想做的一件工作。能夠開始著手，心中竟有莫名的喜悅感。

寫這本回憶錄有兩個目的：一是紀念我的父母親；二是把我的求學、生活、就業經驗提供給年輕人參考，尤其是家境窮困的年輕人。

父母親生長在一個動亂的大時代裡，從富裕的環境跌到顛沛流離的困境。他們的大半生只專注在一件事，那就是提供三個兒女的溫飽、受教育，讓他們成家立業，成為社會上有用的人。這個過程艱辛，有許多感人的細節。他們在完成了使命後已撒手西去，但他們的心血和努力值得紀念。

一九四九年（民國三十八年）我出生於南投草屯，從小到大都在困境中掙扎向上，希望有一天擺脫貧窮。我的資質中上，小時候在父母的羽翼呵護下成長，在他們的導引下，幸運地沒有犯什麼大錯。我的故事可以提供給家境不好的年輕人很多借鏡，我想告訴他們一個訊息：物質的匱乏不是困難的限制，只要身體好，只要有奮鬥不懈的意志，你就能得到好成果。我一生至此，由於下苦功，在學業及事業上累積了一些成績，在書中也據實記錄，絕非吹噓之意。

為什麼書名取《我們這一代》呢？一代的定義因人而異。網路上有說三年、五年、十二年、二十年等，我的定義是二十年，包括比我年長、年輕各十年的人。例如我的兄長胡國光大我十一歲，我們在生活上有許多共同的體會。在職場上我碰到許多小我五至十歲的朋友，談到半導體時也是很容易溝通的。我們這一代在成長、求學及就業的經歷，和小我們二、三十歲的人有許多不同，和小我們四、五十歲的年輕人更是大大不同。至於副標題「一個半導體工程師的回憶錄」就很容易解釋了。

我大學唸的是電機，出國留學讀的是電腦，畢業後有幸趕上半導體高成長的洪流，也見證到半導體對個人電腦、網際網路、智慧手機、社群網站等等應用的蓬勃發展。因緣際會，我一生橫跨了三個半導體子領域：電腦輔助設計、積體電路設計及晶圓代工。在美國矽谷工作了二十五年，在台灣工作了十二年半。我研究所畢業後找到ＩＣ設計工程師的工作，一路走來，換了幾家公司，退休前也升到總經理、執行長及

物質的匱乏不是困難的限制，
只要身體健康，只要有奮鬥不懈的意志，
就可以將事情做好。

董事長的職位。但我一直覺得當工程師及工程經理時最自在，貢獻也較多。管理人是一門藝術，要做得好又很享受還真不容易。年歲愈長，愈覺得高科技產業的變化快、挑戰大，慶幸曾經是一個稱職的工程師。

我這一生碰到不少貴人、老師、老闆，他們都是值得尊敬的人，也對我很有啟發。很榮幸我邀請到兩位名人為本書寫推薦序。李家同教授是眾所周知的，他多年來在幫助弱勢青少年以及鼓吹台灣重視基礎科技扎根上的努力，受到台灣各界的稱讚及支持。李教授是長我十歲的台大電機系學長，我是在聯電時結識他，一同合作幫助弱勢兒童。另一位寫推薦序的是李開復先生，他是全球擁有盛名且是華人圈裡少有的軟體專家，我是在氣功課上認識他的，開復小我一輪（十二歲）。我們三人都算是同一代人。

可惜的是，我在美國的一些長輩，包括我的論文指導教授室賀三郎（Saburo Muroga），Zilog 時的經理、Xilinx 創辦人洛斯・福里曼（Ross Freeman），均已離開人世，我後面有專文介紹他們。

這一本書是寫給誰看的呢？我認為以下群組的人最能體會與受惠：

◆與我年齡相仿的同一代人。我們這一代人經歷過物質生活極度匱乏的時光，有許多共同的記憶。

◆軍人子弟。軍人肩負保家衛國的責任，尤其是兩岸仍有戰爭的年代風險很大，那時候的國家、社會與家庭，和現今有很大不同。

◆上班族，尤其是在高科技公司工作的年輕人。書中提到我從事半導體行業三十七年的種種經驗，可以做為參考。

◆創業中的年輕人。我加入及創建的新創公司共五家，其中四家在美國矽谷，創業經歷的辛酸甘苦可與正在創業者分享。所謂創業維艱，可在本書中充分體會。

◆想要創業的年輕人。書中有一章專門談到創業應該具備的基本條件及可能碰到的困難。年輕人若有些基本認識與心理準備是好的。

◆年輕的父母親。本書有許多篇幅談家庭教育、學校教育，可以做為為人父母的參考。你聽過父親為兒子寫傳記嗎？我們家就有這個故事，值得看看（請見附錄一）。

因為生長在困苦的家庭，讓資質普通的我，
透過努力也可以成為社會上有用的人。

◆家境清寒的年輕人一定要看。書中提到我一生最感謝的是父母給我一個困苦的家境，讓資質普通的我，透過努力也可以成為社會上有用的人。讀了本書，你可以知道為什麼。

我個人很喜歡讀歷史的書籍，不論是古代或近代，尤其喜歡讀中外名人傳記。過去幾年我讀的傳記中最喜歡的有兩部：王立楨的《回首來時路：陳燊齡將軍一生戎馬回顧》及齊邦媛教授寫的《巨流河》。他們都生長於動亂的大時代，也都有一個共同點：那就是認真敬業。在他們專業的領域裡一步一腳印，努力經營幾十寒暑而終能成就他們的事功。我在競爭激烈、變化快速的高科技行業中的感受也是類似的。總是要秉持專業精神，努力不懈才能逐漸累積成果。偶有成果，若不能持盈保泰，往往幾年間，結果就會化為烏有，所謂「眼見他起高樓，眼見他樓塌了」。如果年輕讀者能體會這個現象，始終保持信心與謙虛，那就是我最好的回報了。

回憶錄中有不少篇幅談到半導體科技及其應用。其中不免談到專業技術（technology），為了讓一般讀者都能了解，我儘量用淺顯易懂的文字敘述。但對半導體同業來說，可能不夠深入，請專家們多包含，因為這本回憶錄不是探討技術細節的專書。

感謝大哥胡國光的校閱及修改。他專長編輯，看法、見地非常中肯恰當，在標點符號上的應用比我嚴謹許多。也要謝謝姪女胡延鈺的文字處理，既快速又不厭其煩。這本回憶錄是我們一家三代人的努力結晶：父親的文章、墨寶及言教身教，大哥的回憶摘錄，及延鈺的幫忙。

幾位作家告訴我，想寫書、出書賺錢是很難的。如果運氣好本書能獲利，將捐出來做公益。台灣有不少需要幫助的人，希望大家踴躍推薦本書。

回憶

第一篇

第I章 成長

出生於動亂的年代

我的父親胡其銘（字凌雲）與母親賴華仙都是四川省營山縣人。民國三十七年底，父母親帶著大哥胡國光，隨著空軍地面部隊自上海乘船來台灣。抵達基隆之日正是農曆除夕。下船後，由基隆搭火車直奔南投草屯，借宿在草屯國校教室中。不數月，父親的部隊以金廈局勢緊張，劃歸陸軍統一指揮，開赴廈門協防。民國三十八年十月十七日，廈門失守，部隊撤退到金門。我就是這一天清晨六點鐘，在草屯國校的教師辦公室內出生的，由當地的產婆接生。產婆說這娃兒生的時辰好。母親說屬牛的小子清晨六點出生，正是牛下田耕作的時候，這一輩子是個勞碌命。

一週後，十月二十五日爆發了名動中外的古寧頭大戰。父親時任空軍警衛旅第七團中校軍需主任，負責全團官兵的槍械、彈藥、被服、糧襪、薪餉等後勤補給的全盤工作。該團當時在第二線，沒有與登陸的共軍直接戰鬥，命保住了。而在台灣的母親，卻孤苦無援地照顧著剛出生的我和她產後虛弱的身體。幸有鄉鄰鄧咸歡先生和夫人、吳光宏先生和夫人給予精神和物質上的慰助，方度過這一難關。事隔多年母親仍然常提起這段往事，以示感恩不忘。

古寧頭之役，國軍大勝，也穩定了當時國軍大陸失守的低靡士氣和不安的民心。第二年韓戰爆發，美國派遣第七艦隊協防台灣，台灣形勢始轉危為安。古寧頭一役後，父親返台即舉家搬遷至台北。我是在台北無戰爭狀態下長大的。

父母的家鄉

水有源頭樹有根，人都有父母祖先。在回顧童年的生活與教育前，先介紹我父母的家鄉和他們來台灣前的生活情形。我的大哥胡國光是在四川老家出生的，比我年長十一歲，政戰學校新聞系畢業，在軍中新聞單位工作了二十四年。退伍後將他的心路歷程，編輯在回憶錄《胡氏傳家之典：並述胡國光無明的一生》一書中，其中對家鄉的人與事有很詳盡的敘述。本節中有很多資訊是從他的書中轉載的。

四川省有四條大河（川）：岷江、沱江、長江和嘉陵江。以重慶為參考點，沿嘉陵江北上可以找到一個大城南充市，營山縣是南充市轄下的一個縣，位在四川的東北部，是一個偏僻且貧窮的鄉下，居民多以務農為生。根據族譜記載，我們的祖先是從湖北武昌遷到營山的，時間是清初。原來明末時，張獻忠、李自成在四川殺人太多，清朝於是有個「湖廣填四川」的移民政策。經過許多代的努力，傳到祖父手裡也累積不少財富。據大哥說「家有良田百畝」，是個地主。據母親說農忙時要請一打長工來做農活，她每天除了供應三餐外，還要準備兩次點心。可是父親告訴過我，他身子骨弱，不喜歡清晨天未亮就要起身做農事。那時候中國廣大農村的生活形態可用「耕讀」二字形容，由於偏遠鄉下沒學堂，農家會請私塾先生到家裡教子弟唸書，教的多是唐詩宋詞、孔孟之學。父親與大哥小時候都是這樣學的。及長要唸初中、高中得去縣城裡或南充市，還要家裡有點銀子才花得起。父親是在南充市唸高中的，畢業後出任雙河小學校長和雙河鎮鎮長。父親也曾申請到成都大學，但出發那天早上，祖父突然改變主意，父親就不去了。哪有這麼聽話的呢？換成是我就革命了。

當時鄉下的女生，在「女子無才便是德」的文化影響下，通常書唸得很少。我的母親只唸了小學三年級，她教育兒女的是中國傳統文化的三從四德，是口耳相傳或從京戲裡聽來的則不得而知。

父親十九歲時，奉祖父母之命、媒妁之言，與鄰村王姓農家女成親，母親和大哥都稱她為王娘。王娘進門後五年內生了三女，卻無一男。男丁單薄是農家的大忌，有廣大的田產卻無人耕作或繼承。父親在祖父的催促下，相中經營中藥鋪的賴青雲先生的長女賴華仙。起初外祖父母均以父親已有妻室而拒絕，那時父親已是雙河鎮鎮長，經鎮上仕紳一再緩頰勸說，外祖父母終於答應，但有一個條件：婚後新居設籍鎮上，另立門戶，不回到老宅與王娘同住。於是母親住在鎮上，就近又有父母照顧，和父親過著幸福的生活。可是好景不常，僅僅維持了三個多月。

原來父親任鎮長時有次斥責了犯錯的部屬，此人懷恨在心，竟然串通土匪綁架父親。結果父親在茶館裡被土匪用槍打傷左腰，被抓回山寨。接著土匪傳話要錢贖人。祖父在無計可施的情況下，派父親的堂兄到匪窟去談判。這位堂兄顯然不懂談判技巧，在言語上得罪了對方，晚上隱約聽到要被殺後，嚇得星夜逃回家。又過了些時日，母親眼看拖延不是辦法，就自告奮勇前去救人。那時她已懷著大哥有四個月身孕，她把銀票縫在衣服裡，坐著滑竿抵達土匪窩，見到對方後，宣稱這是一場誤會，希望付錢放人。土匪頭的押寨夫人見母親態度和善圓融，很高興。於是招待父母在附近遊玩了幾天，然後派人送父母回家。後來父親了解整個事件的來龍去脈，見地方治安敗壞到不可收拾的地步，萬念俱灰下，決定棄政從軍。在民國二十七年九月大哥出生後的第三個月隻身離家，前往廣安，投入楊森的第二十軍，開啟了他一生的軍旅生涯。但命運之神卻也因此鑄造了父母親貧病交加的下半輩子。

父親離家了，母親只好搬回老家與公婆、王娘同住。母親侍奉公婆熱情周到，待人和氣親切，對王娘更是恪守本分，凡事百般順從，一切家事均按王娘意旨而行，王娘剛開始對母親也能好言相向、和睦相處。大哥出生以後半年，王娘也生了一對雙胞胎男嬰。王娘對母親的態度，立即有了一百八十度的轉變，傲氣咄咄逼人，驕慢之態令人難以理解，惡行惡狀對待母親。母親頓時成了家中的下人，舉凡家中大小家務事都要母親一肩扛起，母親在心靈上受到的折磨有如雪上加霜，日甚一日。

俗話說：「嫁出去的女兒，潑出去的水。」母親每年只有趁趕集的日子和春節帶大哥回娘家與外祖父母團聚，享受短暫的天倫之樂。其他時候身心受到的折磨，還好有個祖母可以訴訴苦。祖母出身李氏名門，個性溫柔敦厚，待人和氣，在大哥的記憶中，她從來沒有疾言厲色的指責過任何人。母親在夫君遠離，哭訴無門下，只得忍氣吞聲，暗自流淚，當忍無可忍時，偶爾也會向祖母哭訴，而祖母總是好言相勸，要母親忍耐、再忍耐。多年後，我在美國成家立業，父母到加州與我們小住三個月。母親對我說，祖母曾經安慰她說：「賴女啊，妳人好、心好，將來會有好報應的。」母親回答說：「先生不在身邊，將來的事誰又知道啊？」祖母還是安慰她：「妳等著看嘛！」

大哥下面這段記載令人落淚：「可能是我六歲時的一個半夜，被母親的啜泣聲驚醒，母親見我醒來，立即將我擁入懷中，哭得更是悽慘悲切，哽咽的說：『兒啊！你將來一定要用功讀書，努力上進，要有出息，做一個有用的人，為娘爭一口氣！』」。

大哥一天天長大，跟在母親身旁，幫忙種菜、犁地、收割等農事，餵豬、養雞、找柴薪、挑水等家事，忙著為一家十三、四口人的三餐而操勞，從早忙到晚。祖父請了一位私塾先生在家中長住，教小孩讀書、認字和寫毛筆字。小孩們除了父親的三兒三女，也包括叔父及姑丈的小孩，約有十五、六人。大哥回憶說，五位同父異母的姊弟見到他們的母親欺虐母親的惡行惡狀，不管有理無理，說話都是大聲吼叫，他們也有樣學樣對待大哥，或孤立大哥，不和他說話或玩耍。所幸叔父的三個女兒和姑母的大女兒對大哥十分友善，除了母親的關愛外，這也是大哥心靈上的一大慰藉。

大哥八歲那年，輪到姑父家供養私塾先生，大哥必須翻過一座小小的山丘去上學，走路約半小時才能到達。有一天在到達姑父家門時被幾隻大黑狗撲倒在地，兩條小腿上都被咬了兩、三個傷口，鮮血汩汩地流著，疤痕至今仍清晰可見，從此以後不敢一個人去上學。有時母親會送他去，如果事情忙就放牛吃草。於是大哥到麥田去網鳥，到溪邊去戲水、捉魚，玩得不亦樂乎，功課因此荒廢了不少。大哥到台灣時是十歲，入學後馬上發現程度跟不上其他人。後來初中唸了四年。據他自己說他是進入軍校以後才脫胎換骨、開竅的。

大哥八歲那年，王娘變本加厲，對母親和大哥的基本飲食生活，提出設限的要求。母親忍不下這口怨氣，遂直接向祖父提出「搬離胡家，回去娘家」的請求。兩個媳婦早已相處不睦形同冰炭，祖父哪有不知之理，只是充耳不聞罷了。現在母子要搬出去，形同要和胡家一刀兩斷，老人家唯恐事情鬧開，傷了他的顏面。於是決定分給母子四分水田和一分旱田，交由母親自行耕作，而且搬去上房和祖父母共餐，當然也要負責煮祖父母的三餐。自此以後母親的心情才逐漸開朗起來。有了自己的田地就有了歸屬感，於是胼手胝足、辛勤耕作，同時自己養豬、養雞、紡線、紡紗，一年之內就有了自己的積蓄。

一個秋末冬初的夜晚，晚餐後，母親在廚房收洗餐具。祖父母、教書先生和大哥在客廳聊天。突然大門遭到捶擊撞開，四、五個蒙面彪形大漢，手握火把衝進屋裡，逐屋搜索，將母親也趕到客廳，命令大家坐下，土匪首領當即表明要借盤纏（路費），要祖父把銀元和鴉片交出來。祖父哪肯就範，坦然告訴匪首：「前幾年我家老大遭人綁架，所有家當都拿去贖人了，現在家裡沒有錢了。」土匪不肯相信，於是將祖父衣服扒開，將他仆倒在地，點燃一束約有菜碗口大的香，燃得通紅，向祖父的背上燒去，剎時祖父的背上發出吱吱的響聲，青煙直冒，肉燒焦的煙臭味瀰漫了整個客廳，祖父痛苦的嘶吼聲更是淒厲悲慘。

土匪首領在向祖父用刑時，其他匪徒則背著背篼逐屋搜刮財物，人人都裝滿了整個背篼，可說是把全家洗劫一空。匪首見時間一分一秒過去，祖父仍未招供，也著急起來，於是將祖父的雙腳捆起來，用扁擔在繩間用力絞動，這又使得祖父痛得大叫：「我家實在沒有錢了，你不相信，就問我家賴女好了。」母親一聽驚上加驚，深恐匪徒轉移目標對她用刑。於是對站在身旁的大哥說：「你到教書先生跟前去，如果問起來你就說是教書先生的小孩。」講了兩遍，大哥終於聽懂了，向教書先生走去。母親趁著匪徒不注意時，一溜煙從堂屋跑了出來，由廚房的後門逃了出去。母親在夜色籠罩的田野裡拚命地跑，到達鄰居家對鄰居同聲高喊：「胡鑑堂（祖父）家進匪了，胡其德（叔叔）家進匪了！」住在莊院附近的長工聽到了，於是端起槍朝堂屋鳴放。土匪聽見槍聲，知道事敗，於是趕緊撤走。

祖父受到空前的酷刑，背上的燒傷和雙腳的挫傷經過整整一年的復健療養，在母親和大哥離開家鄉時仍未完全康復。胡家雖然仍有田地，但氣勢和聲望卻已一落千丈。祖父在心靈上受到的創傷也永難彌平。他仍一如往年一樣勤於農事，但銳氣已失，諾大的家業也不像以往那麼重要，似已看透人生的名利得失，待人比以前更謙厚、誠懇。父親後來對我說祖父曾寫信要父親有空時回家一趟，他打算把家產分一下。父親當時沒有機會回去，他在大陸局勢不好時曾要祖父變賣家產，離開家鄉，老人家怎麼肯？

民國三十七年四月間，母親生命中的貴人終於出現。那是一個趕集日，母親帶著大哥歡歡喜喜地回到外祖父家。外祖父母盛情招待，不在話下。閒談時外祖母提到：「住在水巷子的陳景卓幾天前回來了，聽說他在南京當憲兵，你要不要去打探一下，看他知不知道你丈夫的下落。」母親立即欣然前往，見了陳先生，知道他在南京憲兵隊，這次是休一個月的長假回來省親的。陳先生也知道父親在航空委員會任職，只是沒有往來。母親當時就動了念頭，問陳先生何時回南京，可否和他同路去南京會晤丈夫。陳先生聽了表示歡迎，並告訴母親將在端午節前動身，還有二十幾天。母親喜出望外，回家稟明外祖父母，兩位老人家思想開明，當即鼓勵母親帶著大哥去南京找父親。於是母親在十五天內將她養的豬、紡的紗賣了，買了船票，跟著陳先生到南京。祖父曾經哭著求母親不要走，或是把大哥留下。母親是「吃了秤砣鐵了心」堅持要走。最後是叔叔居中說項，祖父才讓步。民國三十七年端午節前兩天，母親帶著大哥離開了令他們永生難忘的雙河鎮。這一走，母親就永遠沒有回去過，大哥則是四十幾年後兩岸開放探親時跟父親回去過一次。

在前往南京的江輪上，母親心中是一喜一憂，喜的是終於離開了閉塞的環境，充滿了光明與憧憬；憂的是父親在外十年，是否已另有妻室？如果屆時父親不認怎麼辦？所幸見到父親以後幾天，父親就給母親錢去買陰丹士林布做新衣服，母親一顆懸著的心才放下來。事隔多年，母親曾告訴大哥說：「路是人走出來的，那時萬一父親不願相認，也不可能回頭，只好去找幫傭等工作，將你撫養長大。人要有志氣，不愁找不到安身的地方。」母親就是憑著這種堅毅的精神，走完她的一生。

一家三口在南京住了三個月，即隨部隊到了上海，再乘船來到台灣。

兒時回憶

父親從金門回來不久，空軍警衛旅第七團就劃規入陸軍，父親希望回到空軍，但是階級從中校降到上尉。不久一家四口從草屯搬到台北空軍警衛旅司令部附近。剛開始和同事合租房子，後來嫌貴，乃搬到軍營內眷舍。軍營是日本人留下的一所學校的校區，位於現今台北市南京東路三段敦化國中校址。我們獲配的是一間木造教學大樓的二樓，占一間教室的四分之一面積，用甘蔗板隔間，約六坪大小，前有走廊，後有窗戶。

住在軍營裡當然一切起居作息均依號令行事，各戶不得自行炊煮，必須參加軍中伙食團、吃大鍋菜，每月還有內務檢查。民國三十九年十一月台娟妹妹出生，全家五口就在這個狹窄的空間裡生活。大哥曾經到東港至公中學住校一年，因為父母不在身邊，成績很不理想，後來才轉回台北，插班進了師大附中。據大哥說家裡環境從民國三十七年年底到民國三十九年算是最好的，父親的事業在頂峰，也從大陸帶出來一些袁大頭（銀元）。所以我斷奶後喝的是克寧奶粉，後來妹妹就喝米漿了。兄妹都開過我玩笑，說我命好、喝克寧奶粉，所以頭腦好、會唸書。他們的講法不無道理，因為營養對小孩的成長是很重要的。

軍隊和眷屬混居營區很不妥，三年後軍方在營區外敦化北路旁申請到一塊地，以竹子為建材蓋了兩棟長排、背靠背的竹屋，竹架兩面塗上泥巴為牆，泥巴上再糊上報紙就是家了。我還記得我和妹妹睡在一張竹床上，牆上的報紙登的是楊振寧、李政道榮獲諾貝爾物理獎的報導，一躺在床上就看見，看了好幾年。沒有想到四十年後能在加州柏洛阿圖市餐廳中與楊振寧先生同桌共餐、聊天。我那時是瑟孚科技（SiRF Technology）公司的執行長。

敘述軍眷村生活的文章及著作很多。其中王鼎鈞先生所著《桃花流水杳然去》裡有一篇談眷村和眷村文化，記載那個年代眷村中的種種，鞭辟入裡說得深刻，在此節錄幾段：

> 眷村初期十分簡陋（如我前描繪的竹架泥巴牆），空間狹小。難以計數的「媳婦」們「國破家亡」後，一家一家圈在竹圍裡，含辛茹苦相夫教子。……
>
> 當年中國大陸天翻地覆，她們家破人亡，千里奔波，像是受了傷的動物。她們並未受過軍事訓練，卻要和她們千錘百鍊的丈夫一同擔當「共業」，受傷的動物

要找一個山洞舐傷，眷村就是她們的山洞，大劫大難後，重新尋找人生的目標。身入眷村猶如閉關修行，她們不修今生修來世，她們奮不顧身顧孩子，砸鍋賣鐵交學費，犧牲了一代人，培植出來了許多一流的下一代。……

這是中國文化裡面「君子固窮」「窮則獨善其身」「困則聚而為淵」的那一部分。她們不能「溶入」，她們的子女溶入了，而且是社會的菁英，這個「剝極必復」的道理靠她們的「固執」而顯現。她們對家庭的犧牲也是對社會的奉獻。

空軍眷村又有它獨特之處。其一，小孩多是唸空軍子弟學校，空小沒有校服卻有校車。校車是軍用的大卡車，每天清晨約七點鐘，大卡車就開到村裡。住在村口的小朋友馬上扯開了嗓子叫：「空軍子弟小學的車子來囉！」請注意，這句話是用四川話喊的，頃刻間，話就傳到了村尾。只見一些小朋友從各家門衝出來，父母的叮嚀聲此起彼落，總是有幾個忘了帶東西的迷糊蛋，害得家長也衝向校車。十分鐘不到，校車開走了，村子恢復了平靜。接下來就是母親們忙碌一天的開始，當時沒有冰箱，沒有洗衣機，有做不完的家事等著她們。

這裡還有些有趣的花邊：一般國民小學的小朋友管我們的校車叫「運豬車」。車子的側面是由厚木板釘起來的，漆成深藍色，木板與木板間有空隙，可以看到沿路的風景。於是晴天時大家搶外側的位置站，雨天則搶裡面的位置躲雨。當然都是男生占上風。

其二，抗戰期間，空軍的大本營是四川。幾年下來大人小孩都學會說四川話。我們小朋友在村子裡玩耍說的都是四川話。幾十年後碰見，一開口講的還是四川話，很少有人會講台語。

軍人的國家民族觀念很強，空小的教育也是如此。我們的校訓是「禮義廉恥」。我到現今都記得每個字的定義：禮是規規矩矩的態度，義是正正當當的行為，廉是清清白白的辨別，恥是切切實實的覺悟。我們班級的名稱是「忠、孝、仁、愛、信、義、和、平、真、善、美」。

軍人的職責是保國衛民。在承平時期是一份有保障、有固定收入的職業，一旦碰到戰爭，則可能隨時犧牲性命。軍人中的空軍飛行員則是風險最高的。王立楨先生是一位知名作家，寫過許多本飛行員故事的書。其中一句豪壯的話是：「他們必須出任務，但他們不一定能回來。」即使不作戰，平時受訓練時因機械故障、因天候不佳而出事的也時有所聞。飛行員因體能上的要求甚高，因此營養要足夠，所以飛行員的待遇相對好許多。和飛機密切相關的地勤人員，例如維修師，待遇也不錯，因為飛行器的安全是他們的責任。另外，和飛行有關的地面部隊，例如保衛機場的警衛及防砲，待遇和陸軍一樣。

在此跟各位分享一個聽來的故事，很有趣。在陳水扁當總統時，有位民進黨高官去巡視一空軍基地。對接待他的基地指揮官問道：「我當年在搞黨外運動時，你在做什麼？」這位指揮官回答：「我當時在巡弋台灣海峽，讓你們的運動有個安全的抗爭環境。」台灣很幸運，已經幾十年沒有嗅到煙硝味了。小時候，父親這一輩軍人是隨時準備為國犧牲的。記得父親對蔣中正老總統是非常敬佩的，他曾經說還好跟蔣總統到了台灣，保存了胡家一脈。至於蔣經國先生是等到他負責開發東西橫貫公路，進行十大建設以後，才對他有了深刻的印象。

台灣現今的軍隊能不能打仗令人堪慮，因為國家認同不一、意志不集中、力量不集中。連唱國歌時都閃閃躲躲，張不開口，國號則是要利用時才用，不如幼稚園學生。我們只有祈禱台灣不要有戰爭發生。

眷村裡大家守望相助，炒菜炒到一半發現沒鹽了，馬上到隔壁鄰居家去借。眷村裡最怕的是比較小孩的成績，哪個小孩這次月考考壞了我們都知道，因為一挨揍哭了，大家都聽得到。小孩之間從不互揭瘡疤，因為哪個沒被揍過？我小學考初中沒考上，悶了三年，後來考上了建中、台大，聽說給其他小朋友很大壓力。但是我們永遠都是好朋友。

軍人講求紀律、服從、達成任務，不流行爾虞我詐、說謊話。眷村的爸爸們有的是一同出生入死、有革命情感的夥伴，媽媽們則親如姐妹。眷村長大的小孩不論男女都很豪爽講義氣。我的個性絕對受到眷村的影響。我後來在台灣業界注意到一些企業領袖，有的最多只是霸氣，正氣、豪氣、義氣倒少見。

空小後來在全台灣有十三所校區，都以抗戰及保衛台灣犧牲的英烈命名。空小前後有八萬校友，在蔣經國擔任行政院長時改革學制，隨即劃入地方的國小。空小現在每年都有一次校友年會，在年會結束前都要唱空軍軍歌和空小校歌。在最近的年會結束時，我聽到身後有位學妹高昂地唱著空軍軍歌，轉頭見她不看歌譜，還在打拍子，學妹也有五十幾歲了。

很多軍人的子弟也從事軍職，即使在美國也是如此。空軍子弟裡後來當到國防部長、軍種總司令、副總司令的大有人在。在政界當到行政院長的也有兩位。其他如學

▶全家福。攝於民國40年（1951）。我2歲，妹妹1歲。父親曾試著將此照片寄回老家，只是不知祖父母收到否？

▼過年時，全家到照相館合照。大哥軍校畢業，有一套西裝了。

◀兄妹合照。大哥唸軍校，妹妹和我唸小學。

◣小學6年級時獲選為模範生，與其他台北空小代表至台北市政府領獎，前第三排，左二。

界、建築業、科技界、醫界，甚至美國政界都有出名的空小校友，可說是人才濟濟。最突出的是演藝圈，無論是歌唱、舞蹈、地方戲曲、電影都有大咖，還互相提拔，相互照顧，真是精采。

我敢說：「空軍子弟學校是全世界獨一無二的學校。」

二〇〇三年，我從美國回到台灣聯華電子工作，不久小學同學王小倩透過她在8C廠工作的女兒聯絡上我。接著又有幾位熱心同學于蓉蓉、張嘉鳳及丘麗安等的協助，班上四十八位同學聯絡到四十四位。又不久，我們也找到五、六年級的級任導師李錦銘先生。李老師是陸軍官校二十四期，也就是台灣復校第一期，後來退伍轉業。他年輕時非常英挺，也很嚴格。有次全班都考壞了，大家排隊打手心，有位男同學從家裡帶了塊生薑來，說先擦了可以不痛。那時候打罵教育是允許的，我就吃過很多頓「乾筍子炒坐蹬肉」——四川諺語打屁股的意思。記得父親有回對李老師說：「請老師嚴加管教，該罵的就罵，該打的就打。」恨鐵不成鋼，是家長授權的。同學們後來在台北約了老師及師母聚餐，席間老師很感動同學們的誠意，兩度老淚縱橫。又隔了一年多，李老師因為心臟病突發而猝逝，享年七十八歲。

初中時期

我們當年沒有國中，小學升初中必須參加聯考，因此小學五、六年級時就開始補習。當時沒有補習班，補習就是由學校級任老師在下午下課以後繼續多教幾個小時。記得五年級時，妹妹唸四年級，只有下午上課，中午她就替我帶來第二個便當當作晚餐。吃完晚餐就上課，直到八點左右才下課。此時已無交通車，必須從仁愛路走回家，那時經過復旦橋，老遠就看見母親在橋頭等。五、六年級就惡補，對學童的身體是不好的。因為壓力大，我罹患胃酸過多的毛病，可是並沒有服用制酸錠，而是從喉頭插了根管子至胃裡抽胃酸。最後好像是燒艾草治好的：在一個鋁罐裡燒艾草，再將艾草放在肚臍上。

我小學功課在班上算是不錯的，六年級時還被選為模範學生，到中山堂接受頒獎，可是初中聯考時卻栽了個大觔斗。話說我們六年級時經常進行模擬考，考卷的背面是空白的，可做計算用，聯考當天的試卷則是兩面都有題目，空白處很少。於是拿出自己帶的衛生紙「馬糞紙」，用鋼筆一寫就暈開了看不清楚，當下就慌了。出考場和同學一比對就知道糟了，哭了起來。心情不好，也影響了第二場。就這樣名落孫山。當時村子裡其他同齡的小朋友，大多數都考上市立中學名校，例如大同、大安、萬華等。空小的李老師願意收留我再唸一次六年級，但父母親擔心我會因此耽誤一年，於是加緊準備，報考了位於新莊的天主教恆毅中學及大同工職的初中部。兩所學校都獲錄取。最後選了恆毅中學，因為如果選擇大同工職，以後走的是技職路線，不容易考大學。

此後三年，我一大早就起床，在廚房的小板凳上讀書，母親則準備我的早飯及便當，飯後從敦化北路走到台北中崙，搭公路局安排的專車到新莊，車程約四十五分鐘。那時候，恆毅有初中部及高中部，剛剛開辦兩年，校長范文忠神父，北平人，身高一百八十多公分，脾氣及嗓門都大，學生很怕他，給他取了外號叫「老闆」。教務主任孫澤宏外號「阿暴」（因為他有暴牙），訓導主任張金賞外號「阿張」。他們都是非常認真的師長，每天一大早就在台北公路局車站協助學生的車輛調配，下午放學也是如此。恆毅當時的老師都很年輕，如一年級的劉琦言教英文，陳敏美教理化，陳惠美教數學等。印象裡他們都是大學剛畢業，精力充沛，認真又負責。二、三年級時又有米福江教幾何，李德明教國文，王福林教英文。好老師，學生會記得一輩子。我們那屆後來考高中時，有九位考上建中，有幾位至今都還有聯絡。同學中出了一位鼎鼎大名的演藝大咖：高凌風，他的原名是葛元誠。我們那時都矮，他的座位在我的左前方。高凌風和我搭同班公路局專車，在車上他經常把便當盒當鼓，以筷子當鼓槌，邊敲邊唱，展現了他在音樂、表演方面的才華。人說「從小看到大」，高凌風小時候就很聰明，也有點調皮，和他後來的人生際遇看得出關聯性。

恆毅當年校規嚴格，從一件小事可以看出。台灣天氣熱，規定下課十五分鐘休息時間內不准打球，以免渾身是汗，影響下一堂的上課情緒。有次下課時我和另外一位同學拿了顆籃球在教室後面拍球，玩得起勁兒，不知怎麼校長逛到這裡，一見到是我，大怒：「胡國強，你陽奉陰違！到校長室去等我。」他回到校長辦公室後就狠狠地給我三下手心。他人高馬大，使的傢伙也好似訂做的，又寬又厚。好在手沒有腫脹。回家當然不敢報告這一段，免得被父母再揍一頓。

讀大學時，有個週末與初中同學鄭小平去石碇深山的天主教堂看他。他是那兒的主持神父，多年未見，他還記得我。我注意到他一個胖神父穿著長袍在山裡上上下下，很是辛苦，深感宗教的力量真偉大。

恆毅當年重賞重罰，每次月考前三名都可得一張獎狀和一支鋼筆。有回題目很難，我雖然考了第一，可是平均只有八十五分，比平常九十幾分少了一截，因此不敢把成績單給父親看（沒有相對成績的概念），我偷偷拿了他的印章蓋就繳了回去。隔了一陣子，父親注意到我的新鋼筆，問我怎麼來的。我只好如實以對，他也才記起來沒見著我上個月的成績單。這時候罵也不是，不罵也有點氣。於是丟下一句我永遠都記得的話：「你以後沒有考上高中、大學，也不告訴我，是嗎？」

初中時父親要求我一件事，對我的國文基礎幫助很大：背古文。因為大哥長我十一歲，我從小學五、六年級起就在唸他一書架的書和雜誌，如徐志摩的散文小說、《西遊記》、《水滸傳》、《三國演義》、傳記文學、翻譯小說《大戰隨軍記》等。當時台灣最大的社會問題是「太保」，也就是不良少年。父親擔心我在寒、暑假時在外面交到損友，於是規定我背誦《古文觀止》、《唐詩》、《宋詞》，他下班回家要驗收成果。剛開始時背的是一些短文，例如〈陋室銘〉、〈春夜宴桃李園序〉等，慢慢地我唸出了興趣，就由我自己選。其實許多古文並不艱深，有些有平仄押韻，唸起來甚是有趣。譬如魏徵的〈諫太宗十思疏〉，談的是身為君王應該注意的事，千古名文，一點也不難。〈阿房宮賦〉是我喜歡的文章，杜牧先敘述阿房宮的景致、結構，讓你讀了就想去旅遊一趟。及至後面談到「興亡之道」，真是令人體會「秦人不暇自哀，而後人哀之；後人哀之而不鑒之，亦使後人而復哀後人也。」之嘆。另有〈為徐富家不用買良田，書中自有千鍾粟。
安居不用架高堂，書中自有黃金屋。
——宋真宗〈勸學詩〉

敬業討武曌檄〉一文也寫得好，是駱賓王罵武則天的，連武則天都感嘆宰相怎麼沒有網羅到這麼好的人才？王勃的〈滕王閣序〉注重押韻，唸起來抑揚頓挫，很是過癮。像「落霞與孤鶩齊飛，秋水共長天一色」更是寫景的千古名句。此文有許多典故，欲全懂，得花些工夫。不過有些文章很難唸，如〈弔古戰場文〉肅殺之氣太重，實在唸不下去。當時年紀輕記性好，背了很多文章到現今都還記得，其中有很多做人做事的道理就更不用說了。

蔣經國出任青年反共救國團主任後，欲蓋一座青年活動中心，相中我們眷村這塊地，於是眷村主管單位又在距原址三百公尺處的稻田中重新修建了六棟長條式磚瓦平房，每戶面寬約僅四米，每棟可住十二戶人家，家家也有了自來水設施。但廁所仍是軍營式的公用糞坑，臭氣熏天，有時難以下足。在這個新眷村，我們一住幾十年，直到後來全台北眷村改建。我們眷村改名「敦化新城」，終於家家戶戶有了較大空間及現代化衛浴設備，這是我出國以後的事了。

恆毅是私立學校，學雜費貴，由於父親的退伍金投資失敗，加上結核病纏身，只能做輕鬆的雇員工作，可想而知收入並不多，因此申請清寒獎學金是每學期必須做的。記憶裡，當時台北市戶政制度尚未建立，父親必須自己用毛筆寫清寒證明書，走到鄰、里長家去蓋章。每次都感覺到父親拖著沉重的腳步去求人。在經歷了初中聯考的挫折後，我變得懂事，每天準時出門，按時回家，認真努力讀書，結果三年六學期拿了六個第一。畢業典禮在台北中山堂舉行，事前師長就告訴我，會頒發三張獎狀和三個花環給我：三年學業成績第一、三年操行甲等及三年全勤，不過頸上掛的花環要家長自己買。父親顯然很高興，照單全收。當天母親穿了件素淨的藍旗袍，父親白上衣灰長褲，一家三口叫了部三輪車從敦化北路坐到中山堂，好拉風。

建中：學習的樂園

恆毅初中畢業後參加高中聯考，我和另外八位同學考上了第一志願：建國高中。初中三年與我同班的蘇貴榕又分到同一班：高一七班。我後來發現那一屆，建中共錄取了一千零五十人，我排名第八百五十，被安排在後段班；建中按成績分班，五的倍數是好班。高一、高二我都是七班，兩年下來排名第一，到高三時要分文理組，七班就被打散了。我和蘇貴榕又分到理工組的十八班，班上大多是以前五班的優秀學生，高手如雲，因此我第一次月考只得二十五名。成績單拿回家當著母親面落淚，母親安慰我只要考個台北的大學就好，可是公立大學除了台大，其他清大、交大、成大都在

▲初中畢業照。在台北市中山堂領獎。

◀初中時拿了許多獎狀，貼在客廳牆上當壁紙。

▲高中了，在眷村自家門前。紅色、白條的大門與王偉忠《寶島一村》劇中場景一模一樣。地址：敦化北路165巷62號。

外縣市，家裡窮付不起住宿費。當然有競爭才有進步，唸完高三，整體實力有進步，在考大專聯招時就看出來了。

在我一生的求學過程中，高中和研究所是最愉快的。以我的經驗看，建中之所以有名，是因為三個因素：聰明的學生、自由的學風及高三的好老師。在台灣聯考制度的篩選下，建中學生的智商自不在話下。聰明學生互相砥礪是一種福氣，雖然有壓力，但總是公平的競爭，作弊是不被允許及被瞧不起的。建中學風自由，反映在師生身上。舉例說，很多老師上課是不用教科書的，學生更是天南地北辯論、亂蓋。為了證明我的立論比你正確，我的發言、思路一定要有邏輯性、有證據。在一次又一次的腦力激盪下，人人能言善道，不輸時下的名嘴。

當時台灣教育沒有資優生或是天才的概念。但是我有幸碰見一位數學天才：張海潮，大家叫他海寶。話說海寶家住基隆，因為要早起趕火車，睡眠不足，偏偏他又受愛戴被選為班長，常常升旗典禮遲到，大家都體諒他。我的座位在他左後方，每次考數學小考繳卷前五分鐘時，我都還在為最後一、兩題掙扎，只見他已經寫完在休息了。他還有句名言：「我不死背公式，公式不記得時，導一導就出來了。」我們公式記得滾瓜爛熟的，題都解不出來，他還有時間導公式。可見天才的程度和層次的不同了。海寶後來保送到台大化工系，大二時轉到台大數學系。後來海寶在美國取得博士學位回台大教書，也當過數學系系主任。近年在台灣高中同學會中聽他自述：「什麼是資優生？我以前就是資優生。」他當年在高中時就有很多數學問題在胸中洶湧澎湃，苦於無人可請教，直到碰見數學大師項武義博士，幾番指點，茅塞頓開，奠定了他鑽研數學的決心。海寶人很幽默，和他聊天是一種享受，為人也謙和，足球又踢得好，是建中橄欖球隊隊員，可說是難得的人才，不是一般人想像中的怪咖天才。最近聽他說他在輔導一些數學資優生，有些是怪咖。真恭喜這些怪咖們有天才老師指點。海寶也積極推動把微積分帶入建中高二選修課程中。

高三班上還有很多位優秀同學，像劉大維、張士欽、王東華等，除了物理、化學、數學很強外，在圍棋、詩詞、易經、音樂上也有涉獵。每天聽他們聊天，都可以學到許多知識。

建中高三有三位老師令我懷念。第一位是英文老師謝文津先生。謝老師身材高瘦，經常一襲旗袍，氣質就像同學們的母親。她上課常常油印一篇短文給學生，然後講解字彙、文法及文意，一堂課下來學生都能充分吸收。大專聯考各科中，我英文考得最好，拿了九十二分。多年後我的博士論文指導教授室賀三郎說我英文寫作很好。但我認為談不上好，尤其是跟學文學、外交的人相比。我的工程英文，中規中矩而已，應該是高中時奠立的基礎。前幾年拜讀齊邦媛教授的大作《巨流河》時，得知謝文津老師和齊教授是武漢大學的同學。我託人請問如何可以聯絡到謝老師，消息傳回時，謝老師已於兩個月前在加州聖地牙哥家中過世，高壽九十三。

第二位是杜聿新國文老師。我們背後稱他老杜或杜老。杜老一口河南腔，曾經有同學猜他是名將杜聿明的胞弟，但他自己說不是。杜老上課也是不用教科書的，他喜歡講歷史典故及做人處事的道理，同學們尊敬他的原因應該在此。杜老寫一手漂亮的粉筆字及毛筆字，他拿粉筆頭丟打瞌睡的同學也丟得很準。杜老在教我們時該有四十歲，還是單身，聽說後來成了家，如今也過世了，時間過得好快。

朱再發老師高三教我們數學。同學們叫他阿發，與英文 Alpha 諧音。朱老師那時好像師範大學畢業不久，他教我們三角及解析幾何，條理分明，很容易懂。我後來大專聯考，數學拿了八十四分，甲組加分二五％，實際分數是一百零五分。我五十九歲時參與建立新能微電子，公司是設計電源電子ＩＣ，這是我參加的第五家新創公司。根據過去經驗，即使是大老闆，最好也要懂技術細節，於是我去買了兩本電源電子的經典教科書，花了三個月研讀。電源電子學運用最多的數學是三角及微分方程。很高興我都唸得懂，公式導得出來，習題也能解。幾年後高中同學聚會，朱老師也參加，我有機會當面謝謝他。朱老師保養得很好，看上去如同我們的同學一般。

高中同學每天一起上課、討論、運動，容易形成並保持「學風」。大學因為選課，就沒有這個機會了。高中三年我學習愉快，交了許多朋友，也鍛鍊身體，玩得盡興。聯考前幾天我們還在建中大沙漠踢球呢！你說瘋不瘋？

父親的背影

很多人都讀過朱自清的〈背影〉一文。朱先生是民國初年的散文名家，文章「簡樸平實，細膩傳神」。〈背影〉大意寫的是朱自清與父親回到老家徐州辦理祖母的喪事後，父子一同到了南京，一個留在南京謀事，一個要去北京讀書，父親到火車站送兒子，上下月台買橘子的經過。寫得很感人，一直流傳且被選入初、高中國文教科書。我也有個父親背影的故事與大家分享。

我們當學生的時代生活很單純，讀書以外的課外活動不外乎打球、下棋、看電影。我家是在我服完兵役後（一九七三年）才買了東芝十九吋彩色電視。高三上學期有部首輪美國片《賓漢》在台北上映，看過的同學在課後談論得有聲有色，我於是對母親表達想去看電影的意願。母親當時的反應是，馬上要大專聯考了，你怎麼玩心還這麼重？我聽了心裡一沉，心想大概願望落空了。沒想到過了兩天母親告訴我，明天（週日）早上父親會帶我去看早場。第二天父親就帶我搭公車「進城」了。那時候我們眷村是在靠近松山機場的敦化北路，算是台北市比較偏僻的角落。電影院（好像是國賓）在西門町，去一趟是不容易的。到了戲院門口，父親買了一張票遞給我，這時我才意識到他不陪我看。他轉身離開前看見戲院門口有個賣橘子的攤販，於是買了一只橘子交到我手上，告訴我回去搭哪路公車，然後轉身過馬路。我一手拿著電影票，一手拿著橘子，呆呆地看著他瘦骨嶙峋的背影走遠了，才轉身走進電影院。《賓漢》是個大卡司的聖經故事，由大牌演員查爾敦．希斯頓主演。電影真好看，尤其那場在古羅馬競技場賽戰車的戲，緊張刺激，扣人心弦，多年後都記得。那只橘子好甜、好吃，我有個愉快的上午。

一九九五年，我和太太、小孩參加旅行團，從舊金山飛到歐洲遊玩十六天。我們到達義大利羅馬時，也進入賽戰車的古競技場參觀。我站在跑馬道上，把手臂張開，緊閉雙眼，想要回憶《賓漢》裡的場景，可是腦海裡呈現的卻是父親瘦弱過馬路的背影。在羅馬的豔陽天下，我的眼睛模糊了。

大專與軍校聯招

當時台灣的大學入學考試制度已經行之多年，不論文科或術科，基本上是一試定江山，如果沒有錄取，第二年重考，再考不上，男生就要去當兵了。當完兵再考，有加分。我們那屆是有「保送」的最後一屆。多年後台灣進行大幅度的教改，有所謂甄試，並廣設大學，幾乎人人可進大學。當年我們的錄取率約是三分之一。

考大學先填志願，考完後按成績和志願分發。通常我們都是按興趣及參考上一屆的成績填寫志願。因為家境不好，我如果考不上台北的公立大學就不能就讀，因為外縣市的清大、交大必須住校，費用高就沒辦法唸。由於我是軍人子弟，哥哥也是軍

▲大學時在台大校園留影。當年的大學生穿著較整齊，襯衫、長褲、皮鞋，為了裝酷，每人手抱幾本洋文書，少有背書包的。

人，所以不排斥當軍人。我因此也報名參加軍校聯招，不過只填了一個志願：國防醫學院醫科。結果，軍校聯招我考了榜首，大專聯考考上台大機械系。其實軍校聯招我的成績排名第二，另外有位考生葉成分數比我高，只因他近視度數太深沒有錄取。有趣的是葉成也被錄取到台大機械系，分數比我低幾分。更有趣的是，軍校聯招第三名孫洪傑大專聯考的分數比我和葉成都高，被分發到台大電機系。這些現象表示大家的程度都差不多，全看臨場狀況，而使成績有所不同。

軍校聯招榜首在我們的空軍眷村裡造成大轟動。前來道賀的鄰居很多，有位孫伯伯還特地買了一長掛鞭炮，準備點火放炮。父親急忙把炮竹搶下，不讓放。爭執之下，父親的氣喘病差點發作。孫伯伯終於讓步，父親千謝萬謝把鞭炮收下。父母親都

憑自己的勞力和智慧獲得的成功，
才是真成功。

是內斂、不喜歡張揚的個性。那時候我還沒有決定去唸哪所學校。如果我去唸台大，放了炮竹不就是張揚了嗎？這是我的認知，算是「知父莫若子」吧！孫伯伯送的那串鞭炮，後來在農曆新年時點放。

隔天，台灣電視公司通知要在次日傍晚進行現場訪問。我小毛頭一個，不當一回事，下午還和高中同學去賽了一場足球，然後騎自行車趕回家，一身大汗，沖澡換衣服，剛好趕上羅大任先生來接我。記得父親和羅先生打了招呼，請他不要問要不要去唸，只問為什麼要考軍校？為什麼只填一個志願？當天被訪問的還有一位文組的宋國屏，她錄取的是政工幹校新聞系。宋國屏和我後來都選了台大，又都前往美國伊利諾大學留學，世界真小。

決定唸哪一所學校，父親交由我自己決定，這在父親過世前六年為我撰寫的〈胡國強博士奮鬥歷程〉一文中有提到（請見附錄一）。我的決定過程很有趣，是去問我的初中及高中同學林嘉理的父親林和鳴老伯*，林老伯當時任職國防醫學院教授，我去請問他軍校畢業分發是按成績還是抽籤。得知是抽籤後，我就決定去台大了。雖然

*林和鳴教授是國內知名的眼科權威，也是蔣中正及蔣經國的眼科大夫，享年九十五歲。

台大是公立大學學費不高，但是父親氣喘病加劇，有陣子連國防部雇員微薄薪水的工作都不能勝任，給家人的壓力很大。我若是去唸軍校，就沒有經濟壓力的問題，當然我後來的發展也會大不相同，人生際遇真是難說。

成功嶺懇親會

記憶裡兵役制度到我們這一屆有了一些改變。譬如，我們前一屆的大專畢業男生，每個人都須當預備軍官一年，輪到我們這一屆開始考選，考取的服預官役一年十個月，考不上的當大頭兵。其實兵役制度的改變從考上大學就開始了：開學前暑期軍訓八週，地點在台中成功嶺。記得報到那天，我們一大早就到台北火車站點名集合，然後搭上軍方安排的專車，前往成功嶺基地。到了成功嶺就是剃髮（理大光頭）、換軍裝，緊接著一舉一動都跟著哨音和口令走。對大多數的同學來說非常不習慣，壓力很大。學生們按照考取的大學系所分隊，我被分入二團二營七連。連上多為台大工科學生。

第一天晚上半夜，突聞對面上鋪有人大叫一聲「媽呀！」沒有人抱怨，沒有人偷笑，大家都一樣，都累得半死。成功嶺永遠豔陽高照，加上運動量大，汗衫濕了又

有強健的體魄，
才有卓絕的精神，成就偉大的事業。

乾，乾了又濕。記得很多人，包括我竟然一個星期沒有排便。後來同學反應，上面於是發下鹽片，鼓勵大家多喝水，排便問題終獲解決。日常生活中，除了出操，也有政治課程，加上教唱軍歌、觀賞晚會等餘興節目，週日還可外出，緊張的情緒得到放鬆。上課幾週後，大專集訓班主任（預一師王廷宜師長）發函邀請學生家長至成功嶺探視寶貝兒子。我也寫信回家，希望父母能來。上成功嶺是我第一次離開父母，蠻想家的。父親後來回信說不來了，但寄了一瓶綜合維他命，叫我每天吃一粒，補充營養。其實成功嶺的伙食比我們家裡好，政府為了照顧這些少爺大專兵，伙食費比一般部隊高。記憶中經常吃虱目魚，油炸得很脆很香，三不五時又有五花肉，談不上美味，但對發育中的大專學生來說，營養是足夠的。母親後來說父親「進城」去買維他命，因為淋了雨罹患了感冒。

懇親會那天許多同學的父母親都來了，大多數都帶著兒子出營到台中市逛逛，上館子。我初中、高中同班六年的同學蘇貴榕邀我同行，個性靦腆的我竟然拒絕了，你說笨不笨。不過那天中午隊上替留營同學準備了比平常豐盛的午餐，每人還發了兩根香蕉。

現在回頭看，以我之見，大專集訓是很成功的。不說別的，光是鍛鍊身體、學習團隊生活兩方面，獲益無窮。去成功嶺前，我的體重只有四十八公斤，結訓時增到五十三公斤。也學會在雙槓上玩幾下，心裡很是高興，也讓我有體力去應付四年繁重的工學院課業壓力。四年後大學畢業，我又服了一年十個月的預官役，學習到更多做人處事的道理，甚至學到了一些技能，讓我在職場上受惠。這些在後面章節會詳述。

台大工學院的教育

結束成功嶺的訓練，很快就展開緊鑼密鼓的「新鮮人」生活。大一兩學期修的學分很多，課業繁重，除了運動及偶爾參加郊遊外，就是讀書。所學科目中值得一提的有兩科：微積分及工程圖學。當年數學系系主任是王九逵先生，是國外回來的客座教授，由他統籌規劃微積分教學及執行。做法是全校理工學生用同一本教科書，師資除了教授、副教授，也徵召研究生當講師。考試在台大體育館同一時間舉行，記得題目出得很難。計分採開平方乘十計算，也就是說如果你考三十六分，你的成績是六十分；考四十九分，結果是七十分，以此類推。這是一種顧及系所程度不齊的「公平」做法。當然實力高的同學就不高興了。數學系就有高手考了滿分一百分，最後成績也是一百分，都怪他們程度太好。

工程繪圖是唸機械的基本要求，講究投影。課程有趣，但是作業很花時間，考起試來，壓力也很大，成為我大二轉到電機系的原因之一。主因則是電機系錄取分數比較高，隱約聽說將來好找工作。其實我們當年聯考最高分錄取的系是物理及化學。我那時對留學呀、找工作呀，並沒有清楚的計畫，父兄也給不出建議，說不好聽點只是隨波逐流，跟著大家轉。

我以第三名考入機械系，大一以第一名結業，被電機系錄取。一入電機系立刻發現同學裡高手良多，成績一下子就被比了下來，後來憑著下苦工才扭轉乾坤。就讀台大電機系三年中也有幾件事值得一提：其一是數學的要求。我們總共唸了六門工程數學：微分方程、偏微分方程、線性代數、向量與張量、或然率等。電機系領域很廣，在大學裡要按照個人的興趣及性向找到自己以後做研究或工作的方向。譬如微波通訊要用偏微分方程，電源電子要用微分方程，電子計算機則需布式代數等等。因為不知我們的興趣和性向，所以大二起全部都學，一門十週，習題加考試，壓力好大。現今回想起來，不知當年有沒有更好的方法？現在是怎麼教的？

當年台大電機系的師資不夠好，許多教授是由助教、副教授熬上來的。好像沒有碩、博士學位，也沒有論文、著作的要求。記得有兩位教授上課時是照著原文書唸，很多同學因此翹課，自己到圖書館唸書。有一回一位教授翻頁時不小心多翻了一頁又繼續唸。一位同學實在忍不下去就舉手告訴老師，只見該師臉不紅氣不喘，翻回來再唸。廣達創辦人林百里學長高我一屆，有次評論說：「台大電機系把我害慘了。」因為沒有解釋，我不知道他指的是不是師資方面。其實電機系也有認真的教授，例如：教電子學及邏輯設計的張煜教授，是英國皇家無線電學院深造過的，教學認真，講一口浙江官話。冬天時戴一頂紳士帽，脖子上圍著花格子圍巾，一派英國紳士風。郭德盛教授剛從國外回來，用一本新書教計算機架構（Computer Organization），我學得津津有味。後來高考電子計算機一門我考了滿分，絕對是郭老師教導有方。汪其模先生剛好在美國工作換檔時回台灣客座一年，他教我們半導體入門課程，傳授了很多新觀念。他是第一位期末考採創新口試法的教授。汪其模教授的美式教學風格很親民，跟我們一起打籃球，還帶隊赴新竹交大賽球。後來他客座屆滿返美，好多同學都與他保持聯絡，我拿了博士找工作時，他也幫了大忙。因為這些教授的影響，我研究所決定攻讀電腦（或電子計算機）。後來台灣的大學教育往前跨一大步，師資要求逐漸和國際接軌，一個教授缺額會有上百個博士申請，現今的學子們有福了。

勤能補拙，一勤天下無難事。

四年苦讀

台大工學院課業壓力很大，大一時同時修二十五學分，記得唸原文書很吃力，許多英文單字不認得，光是查字典就花了許多時間，加上做習題，常常忙到深夜。大一下因為父親氣喘病發不能上班，沒有薪水，於是接了家教，唸書的時間就更不夠了。暑假時間，我就向高一屆的僑生借他們唸過的教科書來預習。記憶裡，微分方程就是這樣先準備的。雖然開學後用的教科書不一樣，但學起來省力許多。對時下的大學生來說，這個方法仍然有效。父親的哮喘嚴重時咳個不停，影響在家裡唸書的心情，有愁雲慘霧的感覺，我於是騎腳踏車到建中，在空教室裡讀書。建中暑假沒有門禁，教室門窗大開，雖然外面大太陽，教室裡清風徐來，好舒服，通常可以聚精會神唸一下午的書，天黑了才騎著鐵馬回家。

我的「提前偷跑」策略大大有幫助，但時間仍然不夠用。大二轉到電機系以後碰到許多高手，大二上的平均總分只有七十八分，跟我在機械系第一名的成績相比，明顯落後。名次對我來說非常重要，台大那時有「書卷獎」獎學金，發給各系成績前百分之五的學生。我是志在必得書卷獎學金的，對減輕家裡的經濟壓力很有幫助，雖然金額不算高，但不無小補。

就在此時，我碰到貴人了。有位中央信託公保處的夏期岳先生，在台大設了兩名獎學金，指定給大一的新生。雖然我已大二，仍然厚著臉皮去申請。見著夏期岳夫婦倆，我把家裡的情況敘述完，就離開了。記得夏伯母當時強調獎學金是設定給大一新生的，我想大概沒希望了，沒想到幾天後收到掛號信通知被錄取了。另外一位被錄取的是台大物理系大一的王克中。夏先生的獎學金提供了全額學雜費，此後我就不必接家教，可以專心唸書，因此成績持續進步。大學畢業時，總成績是全電機系一百五十人中的第二名。

世界很小，後來我和夏先生的兒女夏立民、夏惠民和王克中都成了朋友。夏伯母陸正女士退休前是台北工專的化學教授，現在住洛杉磯兒子家附近，已九十高壽，身體仍健朗。

大學期間我幾乎沒翹課，即使面對照書唸的教授，我也是在課堂上看書。上課時，我喜歡坐教室最前排、面對老師的座位。有位同學開我玩笑，說教過我的教授們應該在謝師宴時敬我一杯酒，感謝我四年的「照顧」。我後來為了省錢，沒有參加謝師宴，也沒有參加畢業旅行。

儉以養廉，儉可祛除心中的貪念和妄想。

人生觀和價值觀的形成

每個人的一生都受到家庭教育、學校教育及社會教育的影響，人生觀、價值觀也逐漸成形。至於何時懂事，何時有獨立自主的能力、有判別是非的能力，則看每個人的際遇、經歷而異。此時回憶我的一生，在大學畢業時即已初具「冒險、闖蕩」的能力。在經歷初中聯考失敗的挫折、家境貧苦的磨鍊和大學苦讀向上以後，我那時已經練就「不卑不亢」的態度。

曾經有位同學在大三時對我說：「胡國強啊！你大學過得像清教徒一樣。」我當時對他笑了笑就走開了，沒有跟他做任何解釋，也沒有感覺不舒服。所謂如人飲水，冷暖自知，我即使解釋說明，他也不見得會懂，就算他懂了又如何呢？還是做我該做的事吧！我不會羨慕那些家境好的同學，也不會自卑家境清寒，不能和同學一起遊山玩水，看首輪電影，參加救國團寒暑假的育樂活動。我功課不斷進步但是我不敢驕傲，因為爭名次拿獎學金是我必達的目標，達不到就會很辛苦。也許是這種「不卑不亢」的態度，我的人緣還不錯，即使我沒有空閒和他們在一起。

有幾位家境好的同學會主動來找我，或聊天或討論功課。譬如，蘇貴榕和我是中學六年及大一共七年的同班同學，這其間經歷兩次聯考及一次轉班，實在非常有緣。

他的家境很好，在大陸未淪陷前就經營紡織廠，後來遷廠來台。紡織業一度是台灣的領頭羊產業。貴榕兄高中時就騎重機車，大學時開吉普車，可是他沒有富二代的驕氣，也很照顧我。有兩件事我一直銘記在心：一是我決定去台大唸書，不唸國防醫學院，是他騎重機車載我到林嘉理府上去請教林和鳴老伯的；一是到成功嶺報到那天，很早就要在台北車站集合，那個時段沒有公車，貴榕兄主動請蘇伯伯開車到我家來接我。不然，我就得四點起床，從敦化北路走路到台北車站。貴榕兄後來留在機械系研究所念的是麻省理工學院，畢業後進入杜邦公司一直做到退休。我慶幸有這位好同學，也一直保持聯絡。

父母親出身於四川偏僻的農村，他們受的教育是中國傳統儒釋道融合的文化精神。父母親都很厚道，不會背後道人長短。記得母親曾對我說不要當人面談論對方的短處，因為很傷人自尊：「你和駝背的人吵架時，千萬不要攻擊他是駝子。」父母親教導子女要打好根基，蹲好馬步，不可吹噓招搖。父親告訴我「滿瓶子醋不響，半瓶子醋晃蕩」，又說「酒好不怕巷子深」，這些觀念和美國社會、現代管理學注重推銷術的觀念有很大不同。學行銷易，蹲馬步難，這是事實。

父母親對我另一項重要的影響是：儘可能幫助別人。他們大半生在困頓中掙扎，但仍然秉持正面的態度，不怨天、不尤人，也要求子女如此。你相信因果嗎？我基本上是相信的。助人者多半也易得人助，但不必要求回報。你相信積陰德嗎？我也相信，而且更相信害人者會得報應。我後來在職場上、商場裡遇見不少人為了一己之利去害人，但是這些人終究成不了大氣候，因為負能量太多，導致難以致勝。甚至有些人鋃鐺入獄，害了自己、家人，也被社會唾棄，毀了前途。

從初中起，父親就要求我背古文及詩詞。那時記憶力強，許多名句至今仍然記得。唐朝詩人王勃〈滕王閣序〉中說：「老當益壯，寧移白首之心。窮且益堅，不墜青雲之志。」就是鼓勵人要有志氣，不要因為一時的困頓就被打敗，堅持理想，繼續努力就會有所成。

父親也曾教導我做人要「外圓內方」，但是沒有告訴我如何做到，加上他自己的生活圈及社交圈很窄，所以在這方面是自己跌跌撞撞、不斷學習來的。

台大的校風

台大的校風很難用幾句話具體說明，如果硬要說，「多元自由」可以勉強形容。台大錄取的學生多，校友也多，在台灣的考試制度下，台大人的學業成績不錯，平均的IQ應該也不低，至於個人的操守品德，學校是不能也不該負責的。台大校訓「敦品勵學，愛國愛人」，是對學生的一種勉勵，大概只有在新生訓練和畢業典禮時校長或老師會提到。大學四年中並無必修或選修課加強學生的品德。就因為校友多，在各行各業都有冒尖的人物，例如，最近幾十年台大出了不少赫赫有名的政治人物，當到總統的有李登輝、陳水扁、馬英九、蔡英文；當上副總統的有連戰、呂秀蓮、陳建仁。這些人位高權重，一言一行影響社會甚巨。如果用台大校訓去衡量他們，不及格的項目不少。講個笑話，敦品上有人要打大紅×，愛國一項更是有趣，連國號都有人要改。有一位楊志良先生，曾經大大奚落了台大人一番。楊先生在台灣政壇上敢做敢說，有目共睹。但我必須說他的文章似乎太偏激了，一竿子打翻所有台大人。以我之見，台大畢業生在各行各業表現優秀的很多，對國家社會乃至於全人類有貢獻的很多，不輸於那幾位政治人物。

清華大學（北京＋新竹）的校訓是「自強不息，厚德載物」，但所有畢業生都達到這個標準嗎？答案是否定的。大學教育對學生的影響有限，一個人的人生觀、價值觀的塑造和社會教育也有很大的關係。官場、商場對人的價值觀有很大的衝擊，大家都心裡有數。

立志是人生第一步，
有志者事竟成，無志者庸碌一生。

準備赴美深造

我們這一代是「來來來，來台大；去去去，去美國。」的年代。造成大學生大量出國深造的原因是：（一）台灣經濟還沒起飛，就業市場小，工作機會少；（二）美國與蘇聯在太空科技上競賽需要科技方面的人才，於是大量吸引各友好國家的優秀學生去進修。我在台大電機系的學長幾乎都出國了。一九七一年在大四下課業較輕鬆時，我和同學們就開始準備申請學校的第一步：考GRE。GRE涵蓋的多是數學或簡單物理方面的題目，加上有考古題，對台灣學生來說很容易，幾乎每個人都拿高分。GRE也有測試英文能力的部分，但考得好的人就不多了。

考完GRE，離服預官役前還有三個月的時間，父親見我在家閒著沒事，叫我報名考高考。我四年的平均成績是班上一百五十人中第二名，根據前一屆的紀錄申請到美國學校的獎學金，機會是很大的。但是當時還沒開始申請學校，托福也沒考，知道自家的經濟環境不好，飛機票錢在哪都不知道，基本上是個前途未卜的局面。我了解父親要我去考高考的目的，那就是給自己多一個選擇，如果申請不到學校就憑高考資格去找工作。於是我去報考了電子工程科，那年是政府第一次招考這個科目。

高考的項目很多，除了電子科學有關學科外，還要考國文、國父思想、憲法及公文。其中憲法及公文對我來說都是陌生的，只好到書店找考古題。憲法條文是白話文，非古文，可是你如果不知道條文的規定，就不知如何作答。於是我就下了點死工夫，把憲法一百七十五條條文全背了下來。問答題問什麼我就先把條文默出來，再加上自己的詮釋。哈！哈！我憲法居然考了八十二分。現在回想年輕時記憶力好，除了背下來也無從準備起。所有科目裡，電子計算機，我考了個滿分，後來出國留學也是這個領域。考得最差的是電磁波只有五十分。我記得有一題是分析一個帶電荷的氣球產生的電場及磁場效應。這個氣球不是靜止的，是以一定速度在擴張的。

考完高考我就去虎尾空軍新兵訓練中心服預官役。高考放榜計有六人及格，我被列為第三名。沒隔多久，父親寫信告訴我有三個單位通知我去上班。一家是台灣通訊，另一家是交通部民航局，第三家是台灣電力公司。父親幫我回信，告知我在服役並致謝。當年高考及格是很被看重的，那三個單位竟然不需面談就給我工作。我同班同學蔡明介、李德財及孫洪傑，後來也陸續通過高考。

即將結束在虎尾的訓練時，空軍訓練司令部來考選教官，我去報名獲得錄取，分發到空軍通訊電子學校接受教官訓練三個月。這一屆總共錄取的學員約五十名（大部分是台大、成大、清大、交大的畢業生），都是空軍服預官役的菁英，這三個月對我赴美留學，乃至於職場生涯都有正面影響。命運真奇妙，且讓我慢慢道來。

空軍通校的教官訓練課程是從美國空軍的教官訓練課程翻譯過來的。其中有一門課我受益良多，那就是「報告的技巧」（Presentation Skills），內容包括說話技巧、眼神接觸、簡報內容準備、衣著、場面控制等等。結業前我們被要求找一個題目給其他學生和授課教官（都是少校、中校）進行一項實習演練。媽媽咪呀，這不容易呀！最難的是找什麼題目呀？我到通校的圖書館去翻閱，看到一本王雲五先生的《四角號碼檢字法》。以前我聽過這個檢字法，只是平常用部首或注音法查字典就夠了，從來沒有想過去學四角號碼。經過一番研讀後，我懂了而且發覺不難，於是按照所學準備資料。實習演練是要每個學生和教官把自己的姓氏四角號碼找出來。當然答案我都先查好了。這一堂課很成功，每個人都聽懂了，也正確找到他們姓氏的四角號碼，他們都很高興，當然我最高興。

在空軍機校服預官役

空軍通校教官訓練我以第一名畢業，以少尉分發到空軍機械學校噴射機巡迴訓練小組（噴訓組）服役，直到預官役滿退伍。這個噴訓組是為飛行員訓練及複習有關飛機的機械結構。當時中華民國的空軍主力是F5A/B自由式戰鬥機。我負責管理飛機裝備教室，內有阻力傘、空調、燃油、逃生系統等等，每個系統都可模擬操作。另外還有發動機、無線通訊、軍械等教室，由專業軍官負責。我是階級最低的，而且是少尉預官。其實單位裡專業知識及經驗最豐富的是士官長，但他們都駐守在機場部隊裡，有官階較高的飛官來上課時他們才來。這些士官長都在美國受過訓，會看英文版的《技令手冊》（*Technical Manual*），他們上課用的講義投影片是從倉庫領出來的，上完課又送回去鎖起來，我也僅能一邊旁聽，一邊抄筆記，因此記得不完整。有一次上完課我去跟主任教官請求，把講義留在外面兩天，這兩天內，我把所有投影片的內容都謄繕在筆記本上，從此我隨時都可研讀，方便多了。身為預官，我是沒資格教飛官的，尤其是F5A/B。我授課的對象是機校學生或暑期戰鬥營的同學。只有一次不知是否資源調動不順，趕鴨子上架，臨時惡補，替飛官上了一堂F86/G的課，他們都是中尉，管我叫小教官。他們提問一個問題：「小教官，飛機在××高度時座艙罩會自動往後滑開，不知為什麼？」把我問倒了，只好下課問主任教官。

擔任F5A/B裝備教官時，暑假期間最忙，因為有多梯次暑期戰鬥營同學來機校參觀。其中必看的項目是我這間裝備教室的逃生系統的模擬演練。Ｆ５Ａ／Ｂ飛行員在緊急狀況下必須棄機逃生時，須用雙手將座椅兩側扶手拉起。緊接著座艙罩會先向外彈飛，座椅背後的火箭（Rocket）則將座椅及飛行員一齊彈射向上，脫離飛機。當高度夠高時，降落傘就會打開。在我的裝備教室裡就有這麼一台座椅，通常由我做操作展示。當我坐在座椅中將扶手拉起時，頂部半挖空的座艙罩就會從前端舉起，然後座椅向上推，以模擬逃生的過程。當然沒有用火箭，一切都是用液壓及氣壓做為推力，並用鋼纜拉住座艙罩及座椅。每次使用後都要加壓打氣才能再用。有一天參觀的梯次太多，操作中鋼纜突然斷了，只聽「砰」的一聲，座艙罩向下砸。我下意識地用右手去接，怎麼接得住？結果中指被壓傷，流血不止，緊急包紮後，又請假回台北空軍總醫院醫治，照X光檢查骨頭沒有碎。不過從此我右手中指比左手中指略寬些。

有一天主任教官通知說，有一位曾任美國空軍將領，後來退伍轉任牧師的高華德先生要來參觀Ｆ５的教學設施，我們必須以英文進行口頭報告。當時好像組長（上校）及主任教官（中校）曾在美國受過訓，其他專業軍官（多為尉級）則很少有說英文的機會，因此都很緊張。我把要介紹的各系統資料先用英文寫下來，然後一遍又一遍地唸，直到我可以背下來。我的發音經過建中的調教，還算可以。當天外賓是由空軍訓練司令趙珊中將親自陪同。當我一氣呵成報告完後，趙司令踱到我身旁輕聲問我：「你是預官二十一期？」我併腿立正：「報告司令，是的。司令曾經給我們上『領導統御』的課。」他微笑點點頭。我想新制預官沒有讓他丟臉。

以後在職場生涯中我有多次機會面對幾十人、幾百人以英文演講的機會，我都是用教官訓練班學到的報告技巧來準備。當我將所有資料都背熟以後，自然就不緊張，可以把注意力放在手勢及目光上，也可以在台上慢踱步。多年後我讀蘋果創辦人賈伯斯傳記時，得知他介紹新產品時也是如此準備的。

海峽兩岸最後一次空戰，中華民國空軍飛行員胡世霖及石貝波以F104擊落了中共米格19機兩架。胡世霖的家在我們眷村，其父胡壯如曾任國防部次長，其小妹與我妹台娟是小學同學。我們經常看到胡世霖駕著吉普車在村中進出，可惜他因癌症英年早逝。在空軍機校有回上F5A/B課也見到了石貝波，據他說那次空戰，台灣也掉了一架，只是不知怎麼掉的？掉在哪裡？

某天，單位裡的姚教官問我有沒有興趣為三名高三學生補習功課，我立刻就答應了。我住的軍官宿舍在校外，下了班就是自由之身。學生都住在勵志村，是高階軍官的眷村，騎自行車二十分鐘就到了。每人每月三百元，我當教官的月薪是一千四百三十五元。這三名學生的大名是：張潤儀（女）、張東及周富康。三人中以張潤儀最聰明活潑，周富康最安靜老實。補習科目以數學為主，為了鼓勵他們，我開了一張支票，只要考上大學即贈送鋼筆一支。我退伍後他們才參加聯考，放榜時，我已經在美國了。後來得知周富康考上文化大學，張潤儀考上東吳大學音樂系，答應她的鋼筆在三十幾年後美國重逢時補贈給她，老師開的支票是不可以黃牛的。張東第二年考上了輔仁大學。

不久，姚教官又請我去他的眷村為七名國中二年級學生補習功課，每人每月一百元。七人中有一位女生，其中鍾民權及邱東河兩位程度較高，邱東河是姚教官的小舅子。上課地點在鍾民權家，時間是週六下午。讓我印象非常深刻的是鍾民權的父親鍾士官長，他是四川人，年輕時帶著母親跟部隊到台灣，娶了台灣小姐。每次上完課，鍾太太都準備豐富的晚餐，鍾士官長則陪著我用餐，用四川話聊天。鍾太太也學會講四川話。從談話中我了解士官長非常孝順，他常提到奉養及厚葬其母親的故事。鍾民權氣質、談吐都很好，是父母教養有方。時光飛逝，這七名學生現在也年過五十了，我希望他們都好，如果能有機會重逢該是一件美事。我退伍時，把這一班託付給台大電機系的學弟邱大儀，邱學弟個性溫和有禮、做事認真，我就放心赴美了。

在替七名國中生補習功課後不久，我又有了第三攤家教機會，是空軍官校飛行教官孫盈鰲的兒子孫執中，也是高三準備考大學。孫太太為人非常客氣，晚上上完課總是有宵夜，通常是一碗肉絲麵加個滷蛋，外加官校福利社裡的飲料。現今在台灣超市裡賣的果汁，那時我就喝過，應該是美國進口的，只有飛官買得到。

這三個家教，就把我下班後的時間填滿了，可說是忙碌且充實，重要的是家教存的錢剛好夠我買一張去美國的機票。回頭看，這些學生都是我生命中的貴人，圓了我的出國深造夢。

記得退伍那天，我把郵局的存款全部提出來，放在一只破皮袋裡，搭快車從岡山回台北，一路上心情輕鬆愉快，告訴自己：我退伍了，也掙到機票了。

我曾經不解當初姚教官為何來找我去當家教。答案是三十二年以後才揭曉的。一九七八年，我從伊利諾大學拿到電腦科學博士學位後，在美國矽谷工作。那時候還沒買房子，和內人賈儀光租公寓住。一日太太初中同學蔡琪及先生徐端浩來訪。我一見蔡琪就不禁問：「你和我以前在岡山當家教時的學生張潤儀長得好像。」經蔡琪的解釋才知道她們是姐妹，都是空軍名將蔡名永的女兒。蔡將軍一連生了八個女兒，蔡琪是老七，老八是張潤儀。因為她們的姑姑家只有一個兒子，就把老八過繼給姑姑、姑丈，姑丈姓張，也是高階空軍軍官。其實兩家往來密切，張潤儀從小就知道自己的出身，也知道蔡家有好些個姊姊和自己長得很像。聽說蔡夫人繼續努力，第九胎終於生了個兒子。

二〇〇五年，張潤儀和我聯絡上，我們在加州庫伯提諾市一家餐館聚會，她帶了女兒來，我則是帶太太同去。我終於買了支 Mont Blac 的好鋼筆送她，也有機會問她當初他們怎麼找到我當家教的。原來那時空軍通校校長侯傑將軍是他們父執輩的袍澤，他們有三個少爺、小姐要考大學，於是請侯傑在教官班裡推薦一位家教。我剛好是教官訓練第一名，於是中選。而姚教官是空軍通校畢業的，侯將軍認得他。你說世界是不是很小？至於孫教官家怎麼找到我，還是不知道。

西出陽關無故人

退伍返家已是六月多，忙著辦理出國手續，購買出國用品。記得父親在他服務的國防部福利社買了兩打有長條紋的白襯衫。這些襯衫都是免燙的，質料也好，我足足穿了四、五年。那些年出國留學流行穿西裝。我的西裝料是初中好友鄭小平的母親贈送的。除了服裝、日用品，父親給了我三套東西：毛筆和硯台；《唐詩》、《宋詞》、《古文觀止》；理髮工具。他說：「照片寄回家前，先理個髮，不要像個嬉皮似的。《唐詩》、《宋詞》、《古文觀止》都是你小時候唸過的，有空時可以複習複習，不要忘了本。」

一切準備妥當，與家人搭乘計程車開往松山機場——當時的唯一國際機場。辦了通關手續，坐在候機室裡等待，我很快就注意到幾位和我年齡相仿的男生，大家都是穿西裝打領帶，表情嚴肅，也都是第一次搭飛機出國，前往一個未知的國度，不知何時才能再回來，令我興起「西出陽關無故人」的惆悵。步出候機室要走上扶梯上飛機時，突然聽見好多人叫我的名字，回頭一望，原來是送行的親友、鄰居在候機室的二樓頂揮手。見父母親高興的揮手叫我，沒有「送兒千里，淚灑機場」的憂傷，我的情緒也平靜了，笑著揮手，轉身上機。這是泛美航空班機，中間停關島、洛杉磯、芝加哥後，轉搭 Ozark 航空小飛機抵達伊利諾州香檳城，展開長達五年的研究所生涯。

我為何選擇伊利諾大學？

在大三、大四主修的學科中，我最感興趣的是電腦（computer）相關課程，這和教課的老師有很大關係。台大電機系後來興建了新的電機館，在四樓安裝了當時很先進的大型CDC電腦，供教學使用。當時開設的電腦程式課程，學生擠到爆、且搶破頭。學術界首先注意到電腦及其應用對社會的影響會很深遠，於是美國有很多大學把電腦科學獨立於傳統電機系外，成立電腦科學系及研究所。

因為我必須有獎學金才能出國，於是申請了不少學校。有名的私立大學包括史丹福大學、麻省理工學院、普林斯頓大學等。公立大學則包括加州柏克萊大學、伊利諾大學、威斯康辛大學等。結果我拿到了普林斯頓大學、伊利諾大學、威斯康辛大學及卡內基美隆大學等四校的獎學金，麻省理工學院則是候補，但最終沒有拿到。

我為何選擇伊利諾大學？有三個有趣的原因：

一、伊利諾大學位在伊利諾州的 Urbana-Champaign 雙子城，它有個好聽的中文譯名：伊利諾大學香檳校區，位於芝加哥市南方一百二十英里，周圍是一望無際的玉米田，是一個鳥不生蛋、很適合讀書的大學城。早在一九五二年，該校就建造了ILLIAC I，第一台純由教育機構擁有並操作的電腦。當時它是一個十呎長、兩呎寬、八點五呎高，內含二千八百個真空管，重達五噸的巨大機器。一九六二年開始運作的ILLIAC II是以電晶體製造的，比第一代的ILLIAC I小了許

▶少尉預官在空軍機校噴訓組辦公室前，1972-73年。

▼在F5A/B裝備教室講解燃油系統。

▲赴美留學前，與送行的親友、鄰居在松山機場留影。

▶與母親合照。

多，速度快了一百倍。其後又有ＩＬＬＩＡＣ Ⅲ及Ⅳ的建造。在一九六五年建成的ＩＬＬＩＡＣ Ⅳ可進行平行運算，在當時是世界上最大、最快的電腦了。當我閱讀到系上寄來的背景資料時，就被ＩＬＬＩＡＣ Ⅰ至Ⅳ的功能深深吸引。加上教授群的陣容堅強，幾乎都擁有名校的博士學位，都在做些有趣的研究。當年沒有網路可查資訊，收到的資料都印刷精美。對這所學校的電腦科學系可以用「肅然起敬」這四個字來形容，印象超棒。

二、一九六八年，美國拍了一部極賣座的科幻片《二〇〇一：太空漫遊》，大意是：「人類在二〇〇一年發射一艘太空船去木星探索一塊巨型黑石的祕密。這塊黑石出現在史前的猿猴時代，後來也在月球上及宇宙其他地方出現。太空船上有五名太空人（其中三人在冬眠）及一台先進具有人工智慧的電腦ＨＡＬ９０００。這台電腦ＨＡＬ９０００是在伊利諾大學設計的。」大家都知道這是一部科幻電影，故事是虛構的，但是也意指伊利諾大學在電腦科技的領先地位。

三、讀了彭歌（姚朋）寫的一本小說《從香檳來的》。姚朋是伊利諾大學的碩士，主攻新聞學。《從香檳來的》敘述一個台灣留學生在香檳城生活、求學的故事。時值越戰時期，作者與美國友人參戰前後的友誼，以及與一位美國女孩 Anna 的愛情故事。彭歌文筆清新細膩，筆觸帶感情。其中人物與校園的融合也甚為成功。《從香檳來的》當時是一本暢銷書，曾經得到「中山文藝創作獎」。

基於以上三個原因，我選擇伊利諾大學深造，就再自然不過了。不過到了學校才發現由於學生反越戰的抗議、遊行，ILLIAC IV已經被搬到加州勞倫斯・利物摩爾國家實驗室去進行氣象預測的研究。好在許多優秀的教授與職員都還在，繼續擔負教學與研究的責任。伊利諾大學也不再建造自己的大型電腦（Mainframe Computer），而改向IBM等大商用電腦公司採購。

美國與台灣教育、生活上的差異

伊大電腦科學碩士班必須修八門課及繳交論文，唸博士則要再修八門課並繳交博士論文。為了寫論文，學生必須找一位指導教授。我的指導教授就是給我半職研究助理獎學金的日本教授室賀三郎（Saburo Muroga），研究的領域是電腦輔助設計中的邏輯設計。我的碩士、博士論文題目當然和做研究的領域息息相關，拿到學位也是水到渠成的。

開學前要選課，室賀教授要我修邏輯設計及數據結構，前者是他的專長領域，用他著作的教科書。其實這兩門課我在大學裡都修過了，既然教授要求，就重修一遍。室賀教授的上課內容比大學時學的深奧些，不過做習題及考試都能應付。倒是數據結構（Data Structure）這門課給了我很大的震撼，教授是有名的威廉．吉爾（Willam Gear），倫敦劍橋學士、伊大博士。我在台灣就精讀過他的一本好書《電腦組織及程式》（*Computer Organization and Programming*）。上課後做習題也沒問題，可是考試時就傻眼了，好幾題都答不出來，第一次期中考拿了個大C，痛定思痛才覺得以前所學沒有融會貫通。台灣的教育偏重記憶及反覆演練，對有些科目很有效，例如數學。但對物理來說，往往只能了解數學部分，但對背後的物理意義則是一知半解。對電腦軟體來說，則創意力（Creativity）不足。在嚇出一身冷汗以後，只好更加努力，期終考時扳回一成，總成績是B^+，低欄過關。後來又有一門課也有類似的經歷。

台灣後來成為ＩＴ產業及半導體*產業生產的重鎮，在全球的個人電腦、手機、平板電腦等的硬件供應鏈上有舉足輕重的地位，但是在創新上沒有顯著的突破，在電腦軟體發展上更是落後美國業界許多。各位有沒有注意到，在ＩＴ及半導體領域裡，過去出了許多有名的華人，在軟體界相對來說則少了很多。有一位李開復先生可說是華人中的翹楚，在三家大軟體公司：谷歌、微軟及蘋果裡，做到高階主管職務。有趣的是李開復是台灣出去的小留學生，大學唸的是哥倫比亞大學，研究所是軟體很強的卡內基美隆大學。

我注意到台灣的教育也在改變。許多小孩在幼稚園就開始學英文，小學開始學程式。希望未來華人在軟體發展及科技創新方面也有許多優秀的人才。

伊大的電腦科學系特色是課程要求廣而平均。唸博士要通過資格考試，五個項目中要通過四項：硬體、軟體、邏輯設計、數值分析（Numerical Analysis）及組合數學（Combinatorial Mathematics）。為了過關，這些課程都要修過，有些學校則比較偏重軟體。所以我雖然學習邏輯設計的電腦輔助設計研究，進入業界做微處理機設計時具備了該有的基礎，學習起來很順手。

到了美國買的第一件物品是一個刷牙用的塑膠漱口杯，花了我七毛美元，換成台幣是二十八元，有點心痛。很快學校就開學了，我住宿舍丹尼爾斯大樓，在過馬路的

---

*半導體（Semiconductor），指一種導電性可受控制，範圍可從絕緣體到導體之間的材料。無論以科技或經濟發展的角度來看，半導體是非常重要的。現今大部分電子產品，如筆記型電腦、行動電話或家電用品的核心單元，都和半導體有極密切的關聯。常見的半導體材料有矽、鍺、砷化鎵等，而矽更是各種半導體材料中，在商業應用上最具影響力的。

餐廳包伙。食宿費繳了，獎學金還可存一半，頓時覺得富有起來。離家時母親給了我五百美元當零用，是她上會替我存的。一年後哥哥在台灣結婚，我又把這五百美元寄給哥哥當賀禮。因為那時候家裡環境還是很拮据。

在生活上我很快就感受到美國的富足，甚至浪費。在餐廳包伙是自助餐，吃多少拿多少。剛從台灣去的同學好像到了天堂，牛奶製品、漢堡、魚、肉、蔬菜都是無限制供應。每個月有一次吃牛排，每人發一張票，只能領一份。許多不搭伙的，也花錢來買一餐。對我這個從來沒吃過牛排的台灣土包子來說，這可是人間美味啊！一年以後（一九七四年），全球發生石油危機，餐廳裡改成一學期吃一次真牛排。有時「掛羊頭賣狗肉」用碎牛肉餅充當牛排，就是漢堡啦！

有一件事令我不能接受的就是對紙張的浪費。我是學理工的，從初、高中起習作數學、物理等功課都需要許多演算紙。父親是做財務會計的，工作單位每年都會印製有年份的空白報表，年底通常都有用不完要報銷的，父親就會拿回來給我當計算紙。剛到美國和老美室友討論問題時，只見鮑勃在Ａ４的紙本上寫了幾個字，突然發覺寫錯了，就馬上把這一頁撕下，揉成一團，丟到垃圾桶，又在另一張空白的橫格紙上畫將起來。我實在忍不住，於是問他為啥不用空白處或背面，他好像笑了笑，並不在意。美國在一九七四及一九八〇年經歷了兩次石油危機，以及接下來的多年高油價後才有所體會，懂得「珍惜」。

是名師也是嚴師

我的論文指導教授室賀三郎先生，一九二五年出生於日本。一九四七年畢業於東京大學電機系，接著他加入日本政府的日鐵公司，致力於通訊理論的研究。一九五一年加入有名的日本電報電話公司ＮＴＴ，在這裡他因為證明了情報理論大師仙能 C.E.Shannon. 在通路容量的預測錯誤而開始國際知名。一九五三年他首度赴美，在麻省理工學院研究「錯誤校正碼」（Error-correcting Code）。一九五四年他到伊利諾大學做半年的研究。當時整個美國只有半打數位電腦，而伊大的ＩＬＬＩＡＣ Ｉ是唯一教學用的大型電腦。當他回到日本時，他變成日本科學家中使用過大型電腦的第一人。他後來在日本積極推動電腦技術及電腦教育，也參與設計及操作日本第一代 Parametron 電腦及建立理論基礎：門檻邏輯（Threshold Logic）。一九五八年，室賀教授以他發表的論文及著作獲得東京大學的博士學位，這是日本學界特殊的制度。一九六〇年，室賀教授離開日本，加入ＩＢＭ在約克城高地（Yorktown Height）的研究中心。一九六四年他回到伊大電腦系，從此開始了三十八年的教學及研究生涯。他的研究領域主要在簡化設計電腦電路時所需要的電子元件。他的研究成果後來成為產業界通用的方法。值得一提的是，一九七八年我在產業界設計電腦時，工業界並沒有任何商用工具可以簡化邏輯線路的設計。室賀教授和他的學生們所做的研究工作比業界早了三至五年。

室賀教授無論是教書或做研究都很嚴謹、自律高，對學生的要求也高，與一般美國教授很不一樣。當時他手下有五、六位博士學生，他每天中午都會與一、二位學生共進午餐。他帶師母準備的便當，我們則將餐廳的午餐打包。在午餐會時，他會詢問學生上課的情況、做研究碰到的困難等。每兩週他會要求一位學生輪流做報告給他和其他學生聽。報告的題目是他指定的，通常是一篇有名的短論文。我每次都必須把論文讀得滾瓜爛熟，然後把重要公式、線路、數據、圖表等剪貼成二、三頁，影印發給大家。自己則製作幻燈投影片做為報告用。室賀教授及同學邊用午餐邊聽報告，也偶爾問問題。如果準備不夠，答不出來，會吃教授排頭的。其實這種形式的報告在業界非常普遍，我們等於提前受訓。有一次，有位同學抱怨說室賀教授管得太嚴，說其他教授的學生們日子愉快多了。他聽了並不生氣，反而很認真的說：「研究生的日子是

人必須養成獨立自主的自尊和自信心。

相對輕鬆的。等你們開始做事了，才會領會到什麼是壓力。」誠然，他是對的。

以下是我的學長劉作凱博士（馬丁）說的故事：

馬丁是台大電機系，早我四屆，我到伊大時他已經畢業了。話說室賀教授有回交給馬丁一篇論文讀。隔了一週沒有收到馬丁任何報告，於是抓起電話打到馬丁家。那是一個傍晚，是NBA決賽的最後一場，比賽膠著，正是加賽第三次時。當室賀老人家在電話上聽見背景的喧鬧聲後，「砰」的一聲就把電話掛掉了。二十分鐘後，室賀教授出現在馬丁家門口，他把論文要了回去就走了。還好馬丁並沒有因為這件事影響畢業。

我們每一個學生畢業時，室賀教授都大力幫忙，除了寫介紹信外，有時也主動把我們推薦給他認識的公司。譬如，他把我推薦給 Zilog 公司負責設計微處理機的經理嶋正利（Masatoshi Shima）先生。在嶋正利先生手下做事又是一個有趣的故事。等待下面報告。

室賀教授的學生大半是中國人及日本人。日本學生中有許多是日本大公司派遣出

▲在San Jose住處與室賀教授。

▼室賀教授與學生們在Digital Computer Lab前，1977年7月。

來的，譬如東芝、富士通、NEC等。有些公司也聘請室賀教授為顧問，提供美國半導體技術開發演進的狀況。中、日學生們有個共同點，那就是對老師很尊敬，或很聽話。他的中國學生包括我幾乎都到加州來工作，每次他到加州開會時，大家都會邀請他聚餐，他非常喜歡中式宴席。

在記憶裡，室賀教授從不和我們談論政治，只有一次室賀教授和我談到台灣問題，當時正值台灣在進行十大建設。在一對一的午餐會時，他給我看了一篇時代雜誌有關十大建設的文章，並問我相關的經費哪裡來。我於是據己所知作答：一半是跟國外銀行貸款，一半是發行公債。以年齡推算，二次大戰時他正是高中、大學期間，應該也經歷了美軍轟炸東京的戰火。

室賀教授太太人很好，是典型的日本家庭主婦。他們夫婦育有二子二女，除了相夫教子，她也參加社區服務。每年他們會邀請學生及眷屬到家裡聚會，非常溫馨。室賀教授於二〇〇二年退休。二〇〇四年他曾回到日本接受日本天皇頒贈的瑞寶三等勳章（Sacred Treasure 3rd Class, Gold Rays with Neck Ribbon）。二〇〇九年他因巴金森氏症及攝護腺癌過世。他在舊金山灣區的學生仍會每隔一、二年去探望住在奧克蘭養老院的室賀夫人。學生們會永遠懷念室賀教授，一位嚴謹、敬業的導師及學者。

邏輯合成與電腦輔助設計

設計一部數位電腦（Digital Computer）的第一步是定義電腦的功能規格。譬如，具有三十二位元，中央處理機（CPU）具有1GHZ速度、32MB動態記憶體、16GB非揮發性記憶體等等。CPU裡有加減乘除器，如何將這些加減乘除器設計成具有1GHZ速度就是邏輯合成的問題。邏輯合成通常要用不同的邏輯閘（logic gates）來組成，閘內則是由能代表0與1的電晶體連接而成。當整體線路簡單時，這些設計都可以用人腦、用手來處理，可是當線路複雜時，就要用電腦輔助工具處理。邏輯合成還有一個問題，那就是用不同的閘可能會得到不同的線路答案。如何用最少的元件或成本來實現所要的功能與速度就是一個很大的挑戰。室賀教授的研究團隊多年來的努力就是解決這些挑戰。

我加入他的團隊時，他正在進行一個重要的項目：用轉導方式（Transduction Method）簡化邏輯線路：Transduction是Transformation與Reduction的簡稱。基本原理是把線路轉換成不同的型式，然後試著減少閘數（gate count）及連接數（connector count）。後來我把學長們的成果放大，加入了層數（level）、閘輸入

（gate fan-in）及閘輸出（gate fan-out）的彈性。我的碩士論文就從這些研究中產出。接著我把學長們的研究結果和我自己的研究整合成一個系統：The NETTRA System。這是一個很大的電腦程式，共有幾萬條敘述。用FORTRAN程式語言書寫，在IBM 360/75J大型電腦上跑。現今回頭看，NETTRA其實距離實用性不遠了。室賀教授的研究經費都是美國國家科學基金（NSF）提供的，根據他的說詞，NSF是個很合理的研究基金，直來直往，沒有苛刻要求，每年續約都很順利。

我的博士論文〈無贅邏輯線路設計方法〉陳述的是理論的設計運算法（Algorithm），反而距離實用性比較遠。博士教育的基本目的是訓練思考及解決問題的能力。博士在職場上的工作機會很多，可以任教職，也可以在業界進行研發。在半導體產業剛開始時，因為理論基礎還在發展，半導體公司高階主管都有很強的物理背景。像英特爾公司創業三巨頭：鮑勃・諾爾斯、戈登・摩爾及安迪・葛洛夫都有博士學位。葛洛夫還寫過一本經典的《半導體物理元件》一書，許多工程師都讀過。

室賀教授除了指導我們做研究外，也時時加強我們對半導體製程技術發展走向的認識。今日半導體技術的主流是CMOS（互補式金屬氧化物半導體），那時有

NMOS、PMOS及Bipolar（雙極性電晶體）。雙極性電晶體又有TTL、ECL等不同族群，在應用上各有各的長處及限制，正是半導體百花齊放、朝氣蓬勃的時代。後來CMOS因為省電變成了主流。一九六五年英特爾創辦人之一的戈登·摩爾提出了一個假設：「每隔十八個月，電晶體所占面積會縮小一半。」這就是有名的摩爾定律。之後五十年半導體的供應鏈都照著這個定律走。我會在分享篇裡詳細探討摩爾定律的影響及未來趨勢（請見194頁）。

在畢業前半年，我開始找工作，很快的發現和電腦輔助設計直接相關工作的公司只有IBM及Bell Lab，它們也是我的「夢想」公司。可是我沒有「綠卡」，連面試的機會都沒有。當時微處理機（Micro Processor）正在興起，倒是機會不少。我後來有四個面試的機會，也全部錄取。其中一家是Amdahl，做電腦輔助設計軟體。聘請我的經理只有碩士，他問我介不介意老闆學歷比較低？我覺得他自信心不夠，沒有去，這個機會是汪其模教授介紹的。一家是Rockwell，做通訊晶片設計。工作有趣，但是洛杉磯的交通太亂，我差點誤了回校的班機，所以也沒去。另外兩家Harris Semiconductor（在佛羅里達州）及Zilog（在北加州）都是微處理器的設計工作。最後選擇了Zilog，因為聘請我的經理是業界鼎鼎大名的設計工程師嶋正利先生，他之前在英特爾設計了４００４及８０８０處理器，又替 Zilog 設計了有名的Ｚ８０，這個機會是室賀教授介紹的。

為母親唸博士，為父親讀企管碩士

求學、做研究的過程已在前面章節中記敘。當初和提供我獎學金的室賀三郎指導教授談好的條件就是替教授做研究並攻讀碩士、博士。在伊利諾大學電腦科學系唸碩士，除了修八門課外，也要撰寫論文。論文題目及內容和研究有關，倒不是件難事。就在快寫完碩士論文前接到父親每週的家書，信中要我考慮是否不要唸博士，去唸個企管碩士？當時企管碩士ＭＢＡ是個新領域，整個香檳校區的華人中只有一位林先生在唸這個學位，我們常在餐廳裡請教他，ＭＢＡ學些什麼？畢業後從事什麼工作？顯然父親讀到了一些資訊，與我探討這個問題。有趣的是幾天以後收到妹妹寄來的信。信中轉達母親的意見：好不容易出國，好歹要唸個博士學位（當時台灣社會有兒女讀博士是光宗耀祖的事）。可以想像，家中開了家庭會議，父親、母親有不同的意見。我於是把當初與教授有約的事告訴大家，平息了這個爭議。

一九七八年當我進入 Zilog 公司不久，就注意到公司裡的華人經理很少。心想我是不是該去唸個ＭＢＡ學位，以後升遷機會比較好些？加上心中記得父親當年的建議，於是決定去唸ＭＢＡ。只是當時沒有積蓄，不能自費花兩年一口氣唸完，只好全工半讀，就讀於舊金山灣區的聖塔克拉拉大學。還好公司願意補助學費。因為要兼顧工作，每學季只能修一門課，總共六年才拿到學位。

我常開玩笑說：「我的博士學位是為媽媽唸的，企管碩士是為爸爸讀的。」事實上，企管的訓練對我後來當高階主管有不少助益。博士訓練其實不博，反而很窄、很專，但在教導學生解決問題的方法與能力，以及從事學術研究或在公司裡進行研發，是非常有幫助的。

▲我1978年8月繳交論文，趕不上6月畢業典禮，於是借同學的博士袍照相留念。

贏得美人芳心，共組家庭

一九七三年剛抵達伊利諾大學時，就在研究生宿舍碰到中正理工學院的公費生楊明放（曾任改制後的少將院長）、呂伯強（曾任改制前少將教務長）及薛乾昌（曾任鈺創科技公司副總）。因為我是軍人子弟，很容易就和他們熟悉起來。後來經過他們的介紹，認識了劉兆藜先生。兆藜兄也是空軍子弟，其先翁劉國運將軍曾任空軍參謀長，也是空軍子弟小學在台灣的創辦人。劉家最令人稱道的是一門六位豪傑兄弟，在學界、政界及產業界都很有名。兆藜兄當時主持伊大華人的一個社團「中流社」，是一個擁護政府、團結台灣留學生的團體。

當年的華人師生主要來自台灣及香港，共約六百多人。除了「中流社」，也有「中國同學會」，是比較中性、辦社交活動的。每逢重要中國節慶時，會提供聚餐、時裝表演、歌舞表演等節目，雖然都是同學客串，但也認真盡力，讓遠離家鄉的遊子們生活得到調劑與慰藉。中國同學會也舉辦郊遊、旅行、觀賞電影等活動，促成不少姻緣。還有「台灣同鄉會」，顧名思義是以鄉土感情聯繫台灣同學的，因為我不會台語，無法融入。另有「國事研究社」，是左傾的社團。當時美國還沒有與中華人民共和國建交，幾乎沒有中國大陸留學生。記憶裡每個社團都有定期出版的雜誌，或鼓吹自己的理念，或通告舉辦的活動。所以除了繁忙的課業外，許多課外活動就把生活填得滿滿的，很充實。

身為「中流社」的一員，我們經常造訪兆藜兄家。或開會，或聊天亂蓋，甚是愉快。兆藜兄大我八歲，他與夫人金素圭（Susan）待我們如手足。兆藜愛打乒乓球，常常跑到丹尼爾斯大樓的地下室來與我們較量，一打就是一、兩小時。我們許多人學開車都是兆藜兄用他的車教的。學會了，考上駕駛執照以後才去買輛二手車。我的第一部車是和呂伯強兄合買的 Plymouth Barracuda。後來課業比較駕輕就熟之後，我也接手擔任一屆「中流社」社長及一屆「中國同學會」會長。

擔任同學會會長除了安排年度活動外，最重要的任務是募款。通常我們會在辦理註冊的國民兵訓練中心（Armory）的交通要道上擺張桌子收兩美元會費。大部分同學都欣然掏腰包，也有極少數的人繞道而行。會費的另一主要來源是教授群，通常我們會寄信或打電話請求捐款。劉炯朗教授是電腦科學系的老師，所以我就到他辦公室拜訪，聽到我的來意後，他拿出皮夾，把裡面所有皺皺的鈔票通通給我。我因此對劉教授的親民、阿沙力的形象印象深刻。劉教授後來出任伊大副校長，又回到台灣擔任清華大學校長，他行事做人的風格深受好評。

一九七五年暑假我接任中國同學會會長，開始準備接待新生事宜。我們從學校外國學生辦公室拿到中國新生名單後，與他們聯絡、到機場接機、帶他們到銀行開戶、熟悉環境等等。新生中有位唸地質的叫賈儀平，當時覺得他溫文有禮，教養甚佳，沒料到他後來成為我的大舅子。

當年十二月聖誕節前，賈儀平問我可否幫忙至香檳機場接她妹妹賈儀光。十二月的美國中西部天氣嚴寒，積雪盈呎，於是早早起來發動引擎溫車。大概是長途跋涉的關係，賈儀光穿了件花格子大衣，戴了付大眼鏡，看起來有點累。兩天後晚上同學會辦聯誼活動，儀平也帶儀光來參加。

研究生辦聯誼活動和小學生沒啥兩樣，總有唱遊、講笑話、猜謎等。大概是經過兩天的休息，那晚儀光看起來神采奕奕，沒戴大青蛙眼鏡，看上去秀麗動人，將一屋子的伊大美女都比下去了，有鶴立雞群的氣勢（當然是情人眼裡出西施），尤其她唱了一首 Bobby Goldsboro 的〈Today〉，博得滿堂彩。她當時只在伊大待了幾天就到密西西比州女子大學去唸教育學碩士。再見到她已是第二年暑假，那時我已交卸了同學會長一職。儀平覺得伊大程度較高，鼓勵儀光轉學。她跟系辦談過後，不僅拿到入學許可，學費也全免。從此我們見面的機會增多。第一次約她出去玩是在 Union 打保齡球。有回我請她去冰雪皇后（Dairy Queen）吃冰淇淋，我點了一客她不曾吃過的香蕉船，我還特別解釋因為量多，兩個人共享。這個故事後來被說了好多次，坐實了我的「過分節儉」。寄語年輕男生在追女孩子時不要太節省，哈哈哈！

我與儀光交往後，很快就注意到雙方的教養、價值觀很接近，可說是門當戶對。一年後談及婚事。一九七七年暑假我飛回台灣稟告父母，然後與他們去儀光父母家提親。回香檳城後辦了訂婚儀式，也在《中央日報》登了啟事。婚禮是在次年（一九七八年）一月十五日舉行，先在衛斯理教堂舉辦西式婚禮，拿到美國的結婚證書，然後在教堂聚會所舉辦中式婚禮。因為儀光當時也是伊大教授開辦的中文學校老師，我們很榮幸邀請到多位學生和教授們前來參加。當年留學生的婚禮都是同學們共用幫忙的。譬如，教堂裡的裝飾花是女同學用彩紙摺疊而成，花費少但很好看，婚禮後招待賓客的點心也是女同學做的，男同學則負責接待工作。

教堂的西式婚禮，伴娘趙曉鐘，伴郎何扭今都是同學，小花童是劉兆藜兄的大女兒正平。中式婚禮用的喜帳、證書都是台灣寄來的。女方主婚人是賈儀平，男方主婚人是我的教授室賀三郎，證婚人是劉兆漢教授。證書上都有他們的印鑑紀錄，也遵守台灣民法的要求。有趣的是我們忘記去芝加哥領事館登記報備。二〇〇三年我回台灣

▲第一次與儀光公開出遊，等於昭告同學這兩個是一對了。1976年6月於Lake of the Woods，伊利諾州香檳城。

◀婚禮在伊利諾州俄班納市Wesley Church舉行。1978年1月15日。

工作，在辦理戶籍登記時才發現除了我們單身身分證外，並無政府登記的中文結婚證明。因此必須將原先教堂發的結婚證明，寄回芝加哥文經辦事處補辦手續。當然也可以重新辦理結婚登記，可是小孩都十八歲了。後來經由新竹市民政局局長做保，才補辦台灣的結婚證明。新竹市與加州庫柏提諾市是姐妹市，且因為我們與林政則市長熟識，得以順利補辦。負責承辦的小姐最後還幽默對我說：「下次不要這樣囉！」

陪伴兒子初長成

我與內人是一九七八年一月結婚的。同年八月我們畢業離開學校，到北加州就業。內人取得兒童教育碩士學位，在加州一直未能找到滿意的工作，於是申請到聖荷西州立大學唸工商管理碩士學位。她大學唸的是哲學，要補修一些數學和電腦方面的課程，非常辛苦。如前文中所述，我就業後也到聖塔克拉拉大學去唸工商管理碩士。生孩子這件事就一直到一九八四年才實現，當時我們都還沒完成學業，美國的醫療保險只准許產婦在醫院住兩夜，回家後著實手忙腳亂了一陣子。因為兩家父母都不能來幫忙，坐月子就靠我一手打理了。還好我在研究生時代學得一手做菜的本領，做得出一些補身的菜餚，太太顯然還滿意。

運氣好，我們很快找到一位住在聖荷西附近的保母，幫忙照顧嬰兒，所以延彬（小名彬彬）是一個月大就交由保母照顧。好在那時家裡已有兩部車，通常是一人早晨送，一人晚上接。由於我們還要唸書，時間安排得非常緊湊，每天都累得半死。記得有回接了彬彬回家，把嬰兒椅放在餐桌上讓他看得見我，我則在廚房裡炒菜做飯。為了安撫這小子，還要不時和他說話。剛開始，他還會看我做飯，做可愛狀，久一點就坐不住了，開始咿咿呀呀起來，還好飯做好了，可以一面用餐，一面和他說話。忙歸忙，看著孩子一天天長大，心中的喜悅是難以形容的。

又過了一年，我們都拿到學位，生活也步上正軌。在延彬的成長過程中，我們都全程參與，直到他進了大學。從幼稚園起，矽谷的中國小朋友都參加各種課外活動，像棒球、足球、學樂器、學中文等。每逢球賽，小朋友們的家長都會熱情參與，並加油助陣。有時戰況太激烈時，也會出現家長發生口角爭吵的場面。

小孩學中文是華人圈裡的一件大事。每個華人聚集的城市或社區，都有熱心於教育的家長成立中文學校。當時大部分的華人家長來自台灣，當年使用的教科書也是從台灣運來的，都是繁體字。上課大多在週五晚上，教室則是租借美國學校的設備。在美國教中文困難處在練習的時間不夠，尤其是寫的部分。父母如果堅持小朋友在家裡要用中文溝通，他們聽與說的能力就會表現不錯，但寫象形文字就全要靠練習和記憶了。延彬總共唸了十一年中文學校，後來上大學時第二外國語也選修中文，如今聽與說的能力都沒問題。他唸高中時，有回我們帶他去中國大陸旅遊，他很高興聽得懂當地人說的話。

後來，延彬唸康乃爾大學，主修生物基因學。主因是高中時生物老師教得特別好，產生了濃厚興趣。他畢業後決定學醫，進入加州聖地牙哥大學醫學院，唸醫學和哲學博士（MD/Ph.D.）雙學位。沒想到三年後覺得學醫及基礎研究都不是他的真正興趣，於是決定轉換跑道。

這段時間他的壓力非常大，所幸在他自己的努力堅持下，終於在風險投資公司，找到自己的一片天。他的工作是替公司尋找好的投資標的，每週都有機會去矽谷，與多家新創公司的創業家及技術總監會面聊天。這些創業家都是絕頂聰明的人，透過和他們的互動，學到許多新技術、新產品及新的營運模式，工作甚為有趣。

延彬在業界訓練了兩年半，也學到了專業的態度和應對進退的技巧。他的聰明才智中上，我認為只要他肯好好努力，應該可以做得不錯。我可以教他的也是我父親教我的：「不要怕失敗。跌倒了爬起來，再努力，終會有所成就。」

對於他的未來，我們希望延彬健康、快樂，遇到他人生的伴侶，有一份喜歡的事業，過著幸福和有意義的人生。

家庭生活與社區參與

時光飛逝，今年我與太太結婚已經三十八年了。多年來工作忙碌，感謝儀光和延彬的支持和體諒。

在沒有延彬前，兩人上班、唸書、週末看電影、運動、和朋友聚會、假期去旅行，過著如同留學生小夫妻的逍遙時光。

有了延彬後，我們搬到學區很好的Cupertino（庫伯提諾市）。儀光為了更了解美國學校的教育，積極參加PTA（Parent Teacher Association）。一九九三年時，庫市學區有兩位華裔的學區會員：隋景祿（Tommy Shue）和張錫宏（Michael Chang），他們覺得庫市學區亞裔學生很多（約二五％左右），應該推行多元文化教育。一群熱心公益的家長們，在一九九四年成立了亞美家長協會（Asian American Parent Association），儀光就是其中一位。協會有四大宗旨：（一）定期與學區總監開會討論學區重要事宜，包括在學校推行多元文化的活動和雇用更多的亞裔教師和校長；（二）讓家長們更了解美國教育制度，包括舉辦新移民的家長聯誼會、青少年情商管理和申請大學步驟等演講；（三）舉辦學生領袖演講訓練；（四）鼓勵家長積極參與社區活動。

儀光從一九九四年到二〇〇四年擔任理事；二〇〇三和二〇〇四年擔任協會的共同會長，除了推行協會事務，也交了很多志同道合的好朋友，對教育孩子也有更多的學習心得。現在，協會仍蓬勃發展，每年年會頒發獎學金給學生，也提供教學獎助金給老師們。

一九九五年，學區委員張錫宏轉換跑道參選庫市市議員。之前，有兩位華裔參選市議員都沒選上，張博士願意再嘗試一次。而他在學區委員的位置，則由當時亞美家長學會的理事張昭富（Barry Chang）來參選。庫市當地的主流報紙，對兩位張姓華裔候選人的參選都不太友善，而且很擔心會形成張氏王朝（Chang Dynasty），雖然兩位張先生沒有親屬關係，可見華裔當初要打進主流政治社會，是華路藍縷，非常艱辛的！

當時方文忠先生（Paul Fong）已是Foothill/De Anza Community College的社區大學學區委員，也是長青谷學院（Evergreen Valley College）的政治系教授，他幫張錫

宏、張昭富精心策劃，動員社區五、六十人幫忙。儀光除了幫忙籌款，給候選人提供意見外，也是小區長，從協助登記選民、打電話、到各選民家談話、發送選舉文宣等工作。對美國基層選舉和華裔參與主流社會都有深刻的體會。

總算皇天不負苦心人，一九九五年南灣庫市亞裔華人選舉大勝，兩位張先生分別當選。那時庫市亞裔居民大約占二〇%，張錫宏博士是第一位當選的第一代庫市華裔市議員，對南灣華人參政有很大影響力。之後，南灣第一代移民熱中參政，有才幹、理想抱負的有心人願意出來為民眾服務。我們先後支持了學區委員龔行憲、廖本榮、俞培敏、賀宗寧、魏虹等，市議員胡宜蘭、李洲曉、黃少雄等。方文忠先生後來也更上一層樓，當了六年的加州眾議員。藉此，感謝各位朋友多年來為社區的服務。

一九九六年，駱家輝先生（前美國駐中國大使）參選華盛頓州州長時，和吳振偉先生（前美國眾議員）在一九九八年參選眾議員時，都來南灣募款，我們也共襄盛舉。

前面提到一九九五年，庫市亞裔居民占總人口大約二〇%，五位市議員中，只有一位亞裔。到了二〇一五年，庫市亞裔居民大約有六〇%以上，五位市議員中，有三位華裔、一位印裔、一位白人。目前庫市市長是張昭富先生。張錫宏先生做了八年市議員（兩次市長），任滿後，現在聖塔克拉拉縣擔任教育委員。感謝他們多年對政壇的貢獻和華人的服務。

儀光在社區服務，有時也帶延彬去參與，讓他了解美國民主政治和華裔參與社區服務的重要性。有次發送文宣時，一位白人先生在掃院子，對他們不理不睬，儀光把文宣放在門口台階上，那位先生居然對他們兇起來，說要告他們亂丟紙屑。儀光只好禮貌地道歉離開（因為她是代表候選人，不想起衝突）。那是一九九五年秋天的事，延彬那時十歲半，被嚇到了！其實庫市居民大多友善，但也有人會歧視亞裔，因此需要更多亞裔美國人參與社區服務、政治，才能讓主流社會了解我們也是美國居民，有能力、有理想、有領導力來爭取所有居民的權益（包括亞裔居民）。

也許是從小耳濡目染，延彬對政治也有興趣，二〇〇一年延彬高中十一年級暑假時當過前國會議員吳振偉的實習生，實習生的工作包括學習國會各種提案、回答選民問題、導覽參觀國會等。吳議員是俄勒岡州的議員，那時儀光要去參觀白宮，實習生可以發通行證，但兒子說媽媽是加州居民不可占用俄州的名額，不給媽媽通行證，真是公私分明。不過他後來也幫儀光從加州眾議員 Anna Eshoo 處拿到參觀證，也算是知道權宜變通、孝順媽媽，哈哈！

吳議員是美國史上首位台灣出生的華裔國會議員，耶魯大學法律博士，從一九九九九年到二〇一一年，當了十三年的國會議員，他曾與日裔加州聯邦眾議員邁克本田（Mike Honda）推動提案，要求日本政府正視慰安婦問題。吳議員在二〇一一年因為個人因素辭職，目前他還在華府，幫助民主黨籌款和中美交換學生事宜，在此祝福吳議員。

一九九九年欣欣教育基金會在美國加州正式成立，早年是以改造、翻建中國農村舊有校舍出名。儀光在二〇〇四年曾為她父母的老家江蘇省寶應縣捐款改建校舍，也以他們的名字（賈駿祥先生和汪宗文女士）最後一個字命名為「寶應縣北港小學『祥

▲1996年，駱家輝競選華盛頓州州長，到加州矽谷來募款。舉辦Vision 2000活動募款餐會，許多華人都支持他，因為華人從政出頭的很少。駱家輝很爭氣，後來做到商務部長及駐中國大使。

文』欣欣學苑」，造福家鄉的小孩。二〇〇五年儀光和姊姊儀和，又捐款改建吉林省遼源礦務局實驗小學，命名「『文祥』欣欣小學」。

這些年欣欣教育基金會在理事長臧大化和前任會長丁永慶的努力耕耘下，積極改善教學硬、軟體環境，提高教育質量，幫助中國偏遠貧困農村山區的學校，以期達到縮短城鄉教學距離。二〇一二年岳父過世，儀光以紀念父親為名，捐款支持英語及電腦師資培訓計畫，幫助更多中國貧困地區兒童教育。二〇一三年七月儀光也加入欣欣教育基金會理事會，在籌款和永續基金方面，盡一份力量。

回顧我從出生、成長、受教育的過程都是在承平的歲月。雖然家境不好，但在父母含辛茹苦的照顧和學校的教育下，學習謀生的技能，也建立正確的人生觀和價值觀。

結婚、生子後，和儀光、延彬一起學習，享受家庭成長的過程和樂趣。現在延彬已獨立、成熟，我和儀光也步入耳順之齡。健康、快樂和幫助別人是我們這個階段的追求，感謝和感恩我們所擁有的一切！

第2章 我的職場生涯

初試啼聲@Zilog

一九七八年，我搭機至北加州聖荷西機場去 Zilog 面試那天，嶋正利先生親自來接機。當我和他握手時，馬上感覺很奇怪。原來他的右手只有拇指及食指兩根手指，左手也只有三根手指。他很坦然地告訴我，大學時有一回在做化學實驗時，不小心造成爆炸，失掉了五根手指。了不起的是，他開手排檔小跑車，換起檔來又快又穩。我當時就覺得他是一位意志力堅強的人，後來證明果真如此。嶋正利先生後來在日本改行學電子，因設計手持計算器（calculator）出了名，被英特爾挖角至矽谷設計了４００４四位元及８０８０八位元的微處理器。後來他的主管法德瑞可・法進從埃克森石油公司拿到創業基金，自起爐灶，成立了 Zilog，嶋正利先生就跟隨過來了。

我畢業時，業界正從八位元微處理器家族進步到十六位元，幾家領先廠商如英特爾、摩托羅拉及 Zilog 都在積極開發十六位元。嶋正利先生帶領一位印度年輕工程師 C N Patel 設計中央處理器Z８０００，另外一位比我資深的日籍工程師 Hiroshi Yonezawa 負責記憶管理器（Memory Management Unit）Z８０１０，我是他的副手。Yonezawa 擅長的是邏輯設計，其他如速度分析（timing analysis）、平面布局（layout design）、測試等一概不管。我剛畢業，全部都要學、要做。

我的第一份工作是設計靜態記憶體的核心布局（SRAM memory cell layout）。我做了第一版本給嶋正利先生檢查，他拿起紅筆把錯誤地方圈出來，叫我回去改。改了以後，又改。前後改了十一次終於被他接受。有一次他失去耐心把我做的報告丟在桌上說：「你在浪費錢、浪費時間。」這句話說得好重，我撿回紙本，把眼眶裡的淚水逼回去，再回去改。接著透過速度分析，決定晶片裡電晶體大小，因為沒有電腦輔助設計，計算是用一只 TI SR50 計算器用手敲出來的。

當時壓力很大，我的胃口不好，出現噁心、嘔吐現象，體重掉了約七公斤，太太很擔心，經過醫師檢查是胃潰瘍，於是吃藥醫治才痊癒。以前總以為胃潰瘍是壓力過大造成的，其實罪魁禍首是幽門桿菌。壓力大、睡眠不足造成免疫力降低而使幽門桿

▲1980年10月在 Zilog 設計生平的第一顆晶片，Z8010。當時，胃潰瘍痊癒不久，很瘦。

菌坐大。發現幽門桿菌的醫師因此得了諾貝爾獎。

現在回想當時 Zilog 是家新創公司，缺乏制度，對新進員工的訓練沒有一套做法，還是依賴一對一師徒式的傳授。

一年後，嶋正利先生離開公司回到英特爾。聽說是因為他女兒到了學齡，想接受日本教育，英特爾派他回日本成立設計中心。過了幾年聽說他又離開了英特爾日本公司。這次是新創 VM Technology Corp，設計十六位元及三十二位元處理器。這些晶片*在架構上與英特爾8086軟體共容。由於這些成就，他得到日本筑波大學博士學位。二〇〇〇年嶋正

*晶片（chip），或稱「積體電路」，在電子學中是一種把電路（包括半導體裝置、被動元件等）小型化的方式，製造在半導體晶圓表面上。

利先生轉行到日本會津大學任教職，這一年摩根史坦利在舊金山舉辦慶祝電晶體發明五十年大會，會中頒獎給多位研發製造數位處理器的先進。嶋正利先生也來接受頒獎，我當時任職瑟孚科技執行長受邀觀禮，在會場與他短暫交談。這回他滿臉笑容一團和氣。

嶋正利先生是位聰明、能幹的工程師，意志力堅強，在電腦輔助設計工具不發達的時代，他的設計技術造就了早期微處理機的成果。但是他的脾氣急躁，人緣不好，在我之前有六位工程師待不下去而離職。我想他最後轉任教職也跟脾氣有關。當教授的自由度較高，學生也相對較好管理。

在嶋正利先生離開 Zilog 不久，Yonezawa 大概覺得沒有人撐腰，也離開轉去國家半導體，整個Ｚ８０１０晶片就由我一肩扛起。公司很快找來一位新經理洛斯・福里曼先生，從旁協助我。他原來負責Ｚ８０００家族，除了ＣＰＵ及ＭＭＵ以外的對外聯結晶片，包括ＣＩＯ、ＳＩＯ等。洛斯是我在業界遇見的最好經理人之一。他是伊大物理系碩士，非常聰明，技術棒、脾氣好，與人溝通能力也強。有了他的協助，我修改了設計上的幾個弱點。結果我的晶片最早推出來，而且只改了一層光罩。他們最擔心的晶片竟然意外順利，公司大喜，開始大力推銷，把產品的規格發布在技術雜誌

世間事情沒有絕對的對錯、好壞，通常是有得、有失，
只要認真、努力以赴，自然會有收穫。

上，我也去紐約參加 Electro 會議，與英特爾、摩托羅拉的競爭者同台，各自展述自己的產品。他們兩位看起來都比我年紀大，但我一點都不怯場，大概是所謂的「初生之犢不畏虎」吧！

Z8010的經歷對我日後在半導體的職場生涯有很大的影響。由於沒有設計工具，因此IC設計的每一步驟都要用手做，又因為人力資源少，到後來只剩我一人負責，我因此熟悉了設計的每一環節：產品定義、邏輯設計、速度設計及分析、元件布局、測試、品管分析等等。後來業界製程技術不斷改進，晶片複雜度大幅增加，Z8010只有兩萬個電晶體，如今動輒幾百萬、幾千萬電晶體，不可能由少數幾個人做，必須由一個團隊合作才行。於是分工很細，每個工程師只負責一小部分，工作性質也變了，有的只做產品定義，有的只做邏輯設計，有的只負責速度分析等等。這種現象叫「鴿子籠化」（Pigeon Holed），工程師就比較不易有機會看到全局了。

在此提醒年輕人：世間事沒有絕對的對錯、好壞，通常是有得有失。只要認真、努力以赴，自然會有收穫。如果我當時怕困難而退縮轉換工作，就會少了很多經驗，或要很多年才能累積同樣多的經驗。

Z8010的成功，帶給我一筆不小的財富（第一桶金）。原來公司在做預算

時，假設每一個晶片都要改正錯誤，預留了一整套光罩錢，但我的晶片只改了一層光罩，替公司省了不少錢，同時產品又提早上市，公司一高興就發給我一筆相當於年薪三分之一的獎金。我就用這第一桶金做為購買第一幢房子的頭款。這次的激勵也讓我訂定了一個高標準，那就是「晶片設計不須修改，一次就成功」。後來在Ｓ３工作時，還真的做到了。

在完成Ｚ８０１０後，公司組了一個團隊設計Ｚ８０００，一個十六位元的ＣＰＵ。Ｚ８０００與Ｚ８０、Ｚ８０００有何關係呢？Ｚ８０００其實是用來更正Ｚ８０００的一個最大敗筆：軟體與Ｚ８０不共容。當初Ｚ８０已在業界打出了名號，有許多客戶和應用軟體，但Ｚ８０００沒有如Ｚ８０一樣成功。這時還有一件大事發生：ＩＢＭ推出了個人電腦（Personal Computer, PC），ＰＣ需要選擇一個ＣＰＵ，具備有好的功能、價格及供應穩定度。聽說ＩＢＭ在衡量了英特爾、摩托羅拉及Zilog的十六位元ＣＰＵ後，決定採用英特爾的８０８６微處理機，做為第一代個人電腦的核心。後來英特爾繼續改進，推出１８６、２８６、３８６、４８６、Pentium 等處理器，但軟體始終跟８０８６共容，ＰＣ的成長持續，累積的應用軟體無數，英特爾的天王地位於是無人可以撼動。不過Ｚ８０００未設計完成時，我就決定和同事出來創業開公司。我在 Zilog 任職了五年。

在 Zilog 工作的後幾年，我開始和台灣的公司互動，當時台灣還在代理美商產品的階段。有一天宏碁的兩位業務來見我，收集 Zilog Z8010產品的資料，他們分別是邰中和與李焜耀。後來宏碁開始生產個人電腦，成為業界的領先者之一。

矽谷的創新、創業文化

一九七八年我開始工作時，矽谷還算早期階段，公司數目沒有現今這麼多，可是它的創新、創業精神就已經成形了。以下列幾件事情說明：

一、在矽谷，每到新年我們都會收到所謂「公司樹」（Company Tree）的海報。海報上畫出矽谷多家公司衍生的歷史：最早是夏克利半導體實驗室，成立於一九五六年*，後來該實驗室有「叛逆八人組」**集體離開，另成立快捷半導體（Fairchild Semicoductor），這些人後來又有人離開，成立了英特爾和超微（AMD）。二十年後陸陸續續衍生出六十五家半導體公司，海報已無法詳載，只列出比較成功的公司。

* https://en.wikipedia.org/wiki/William_Shockley

所謂成功，通常表示公司的產品賣得好、獲利高，公司上市發行股票，股價成長，創辦人及員工都發了大財。例如，當約翰及大衛成功了，他們的朋友卡特及理察看到他們都做得成，我們也應該可以，所謂「有為者亦若是」，我們也來創業吧！就這樣，蔚為風氣。創業文化於是塑造成形。

二、創業是高風險的，成功率很低，有人估計是十分之一至二十分一。緊接著要問自己打算成立什麼樣的公司？生產何種產品？團隊的核心技術為何？核心成員在哪裡？資金從哪裡來？矽谷的投資人通常會問創業家兩個問題：你過去有什麼成功紀錄？你的新創公司有啥創新技術？如果只是Me-too，是不容易找到資金的。

三、豐富充裕的投資風險資金（Venture Capital）是矽谷高科技界的一大特色。好的風險投資公司只要投對一家公司，回收就可以有幾倍、幾十倍，甚至上百倍。矽谷成名的公司如塞靈思、思科、雅虎、谷歌、臉書等，都是風險資金的產物。我擔任瑟孚科技公司執行長時，前後六年替公司籌資七千五百萬美元才上市。公司生產的是GPS（Global Position System）晶片組，因為技術困難，開發費時，需要的資金龐大，但投資人知道GPS的重要性，願意持續投資，直到公司成功。換成是在台灣，投資人大概不會有這種遠見及耐心。

在Zilog任職的最後一年，我也開始靜極思動，與另外兩位華人同事朱永仁及林子聲決定出來創業。朱永仁是香港人，專長是設計記憶體。林子聲是台灣來的，他做過的產品很多，包括微電腦（微處理機加上周邊對外聯絡功能整合在一顆晶片裡）。我們週末輪流在每家聚會討論，等到朱永仁從親友中籌到種子基金後，我們就離開Zilog。一年後我的老闆洛斯·福里曼也離開，成立了塞靈思（Xilinx）公司，生產FPGA（現場可編式列陣）晶片，開啟了一個新的應用領域，非常成功。

** Shockley Semiconductor In 1956 Shockley moved from New Jersey to Mountain View, California to start Shockley Semiconductor Laboratory to live closer to his ailing mother in Palo Alto, California. The company, a division of Beckman Instruments, Inc., was the first establishment working on silicon semiconductor devices in what came to be known as Silicon Valley. "His way" could generally be summed up as domineering and increasingly paranoid. In one well-known incident, he claimed that a secretary's cut thumb was the result of a malicious act and he demanded lie detector tests to find the culprit. After he received the Nobel Prize in 1956 his demeanor changed, as evidenced in his increasingly autocratic, erratic and hard-to-please management style. In late 1957, eight of Shockley's researchers, who would come to be known as the "traitorous eight", resigned after Shockley decided not to continue research into silicon-based semiconductors. They went on to form Fairchild Semiconductor, a loss from which Shockley Semiconductor never recovered. Over the course of the next 20 years, more than 65 new enterprises would end up having employee connections back to Fairchild.

第一次創業成立Verticom

一九八三年，我們的新公司成立了！最初命名為ＡＩＤ（Advanced Integrated Decives），很快就注意到英文縮寫和愛滋病太接近，後來改為Verticom（Vertical Communication）。當時台灣沒有幾家高科技產業，由政府支持的第一家聯華電子在一九八〇年成立。那年代，台灣與矽谷幾乎沒有互動。

我們的產品是彩色繪圖終端機，其中的繪圖晶片是我們三人設計的。傳送繪圖的指令標準則是「北美報告階層指令」（North American Presentation Level Protocal Syntax），應用是藉由主機（大型或迷你型電腦）、有線通訊，把設計好的畫面傳送展示在彩色終端機上。我們的產品曾經賣到百貨公司，用來展示各項產品。

一九八五年，ＩＢＭ開始推出個人電腦後，我們的終端機產品前景就淡了。於是調整方向生產與ＩＢＭ共容的高端繪圖卡，用的仍是我們自己設計的晶片。ＩＢＭ個人電腦從一開始就採用開放架構，鼓勵大家生產共容產品，在繪圖上ＩＢＭ先後推出ＭＧＡ、ＣＧＡ、ＶＧＡ、ＰＧＡ、ＸＧＡ等繪圖卡及晶片。許多矽谷公司都競相設計ＶＧＡ共容晶片。ＩＢＭ ＰＣ的成長變得非常明顯，已成了業界標準。英特爾成為

ＣＰＵ的唯一供應商，而微軟成為作業系統的唯一供應商，先有ＤＯＳ，沒幾年就進步到視窗作業系統。螢幕解析度由先前的 640×480×16 色進步到 1024×768×256 色。原來的ＶＧＡ標準已不夠用，於是ＩＢＭ又推出 ８５１４Ａ 高解析度且以繪圖指令為主的晶片。剛好ＩＢＭ的新方向與 Verticom 設計的晶片很類似，因此，我們開始設計８５１４Ａ共容的產品。Verticom 後來獲利上市，只是股價不漂亮，對早期加入的員工來說是一個小賺的局面。後來南加州有一家大型ＩＣ公司西方數位（Western Digital）為了拓展原有ＶＧＡ晶片的版圖，決定併購 Verticom。

西方數位是一家大公司，尤其是硬碟機控制晶片及硬碟卡，在業界占有一席之地。進入大公司如同進入森林，做事效率大打折扣，我很不習慣，於是開始想換公司。在 Verticom 我學到了兩件事：繪圖晶片設計的技術及創業公司是怎麼回事。我在 Verticom 待了六年。

Ｓ３與繪圖加速器

一九八九下半年，我加入一家新創公司Ｓ３。Ｓ３是由達賓・柏那陶（菲裔）及榮・雅拉（琉球人）創建的。他們兩位之前在Ｃ＆Ｔ（Chips & Technology）開發

EGA Chipset 給個人電腦用。那時PC產業高速成長，所需晶片供不應求。他們挾帶了C&T成功的技術經驗及人氣，找到了風險資金開創新公司。S3是第三家新創（start-up）公司的意思。S3當初規劃的目標產品非常有野心：設計當時所有滙流排（ISA, EISA, Micro Channel 及 Local Bus）所需要的 Chipset，共計十七顆晶片。我被聘請設計開發繪圖晶片。

時間到了一九九〇下半年，第一輪募集的資金快用完了，必須增資。可是一顆晶片都沒做出來，偏偏又碰到第一次波斯灣戰爭爆發，世界經濟前景不明，董事會斷然要求公司裁員。公司當時有四十四名員工，要砍哪些晶片？裁多少人？大費周章。幾經來回討論，終於做了痛苦決定：裁二十二人及十六顆晶片。換句話說，只有我負責的繪圖晶片及六名設計工程師是倖存者。當時S3的董事會成員是我遇見最強的，譬如，Bill Davidow 先生曾是英特爾早期的市場行銷副總；業界有名的客站應用工程師（FAE）觀念就是他建立的，他的營運經驗非常豐富。另一位是鼎鼎大名的風險投資家 John Doerr，他的成功投資案包括 Compaq、Netscape、Sun Micro、Amazon、Google 等。他們見多識廣，對公司做了正確要求，也拯救了公司。瘦身以後，公司支出大減，增資到位，管理階層也變得更專注。不過達賓因為犯了管理、判斷的錯

貧毋諂，富毋驕，
一切學問事業全靠自己奮鬥努力，
毋存僥倖心，毋存依賴心。

誤，被剝奪了執行長職務，僅保留董事長一職，公司聘請泰瑞・荷特（Terry Holdt）擔任執行長，泰瑞曾在Zilog擔任營運副總。

我的第一顆產品86C911，是十六位元繪圖介面使用者加速器（GUI Accelerator），一九九一年製作出來，剛好趕上微軟視窗作業系統3.0推出。在英特爾286及386的PC上，繪圖速度是原先VGA系統的七到十倍。當時微軟有個測量繪圖速度的指標Winbench，兩台一樣的電腦並排跑Winbench時，使用我們晶片的電腦跑得速度飛快，令人驚豔。後來我的設計團隊陸陸續續開發了三十二位元、六十四位元的產品線，例如：924、928、801、805、864等。公司的營收由一九九一年的三百萬美元，九二年的三千萬美元，到九三年一億三千萬美元高速成長，並於一九九三年上市，股價在成長到四十美元時分股（一股變兩股，股價變成二十美元）。營收繼續成長，股價也跟著上漲，在到達四十美元時又一分為二。

根據網路資料，到一九九五年，所有的PC都裝置了繪圖加速器。

當時公司員工士氣高昂，客戶絡繹不絕，感覺非常好。我有一陣子晚上做夢，夢到自己會飛，跑幾步路就飛起來，在大樓之間穿梭，很是奇妙。有一回我搭飛機返台談生意，在機上遇見一名男空服員，閒聊中他提到從事空服員才幾個月，之前是在賣水貨S3晶片，我問他貨源哪裡來？他沒有回答，只說轉手一顆晶片就可以賺幾塊美元。我記得公司的定價在三十美元左右。

此時，台灣的電腦製造廠也在高速成長，我每年都要回台灣拜訪他們，收集客戶的需求和意見，做為定義新產品的參考。接觸的廠家有神通、宏碁、大眾、英業達等。繪圖卡公司則有麗台、台硝等至少十幾家，結交了許多朋友，所謂「人不親土親」，對台灣的客戶我都特別照顧。有一回有位洪先生到美國總部來見我，與我討論用三顆S3晶片來支援更高解析度、更多顏色的可能。我頓時理解這是個創新的高端應用，和他花了很多時間討論。沒想到洪先生一直記得這件事，多年以後我回台灣在聯電做事又碰見洪先生，這時，他已是華碩高階主管，他還特別謝謝我。這個故事代表的是業界的愉快合作，在產品應用上精益求精，不斷進步。

S3的高成長和擴張帶來了兩大問題：一是晶片供不應求；二是管理的困難度增加許多。這兩個問題後來是平行一起解決的。當時業界製作晶片普遍使用兩種方法：全客製化或閘矩陣。全客製化（Full Custom Design）：多半是垂直整合元件製造商（Integrated Device Manufacturer, IDM），公司集設計及製造於一身，這種公司的投資很大，也是當時業界的常態。Zilog就是一個IDM。全客製化可以將速度、耗電、面積最佳化，但花的設計時間很長，現今已很少使用這方法。

閘矩陣（Gate Array）：將許多電晶體元件按矩陣方式排列，然後按邏輯的需要用金屬層將電晶體元件做適當聯結；速度、耗電及面積三方面大概只能顧及一項，最多兩項，但設計時間縮短許多。提供閘矩陣的公司也是生產公司，運用閘矩陣的設計，公司可以沒有自己的生產能力，於是無工廠設計公司（Fabless Design Houses）如雨後春筍般漸漸增多起來。接著電腦輔助設計的工具變得愈來愈完備且好用，於是又有了第三種也是今日最普及的方法——標準單元（Standard Cell）。這個方法有如堆積木，生產廠商根據製程技術提供許多積木單元，有不同大小、形狀、快慢、功能等。使用者根據他們的需求選擇適當的單元，再用電腦輔助設計工具將單元進行適當聯結。設計時間也很合理。

Ｓ３的第一顆晶片是用閘矩陣生產的，成本高，售價也高（一顆賣到三十四美元）。第二顆晶片就是用標準單元的做法。供應商是ＨＰ（惠普）。ＨＰ是一家系統公司，當年在美國俄勒岡州有自己的ＩＣ生產工廠，當時剛好有剩餘的產能，於是提供給Ｓ３。ＨＰ的製程技術很好，良率也佳。可是第二年，它自己內部需求增加了，就要求Ｓ３限時更換供應商。此時是一九九二、九三年，全球的晶圓供應吃緊。Ｓ３

IC設計的方法

1. **全客製化**（Custom Design）：可將IC的速度、耗電、面積最佳化。設計費時，多為IDM大廠採用，如英特爾。
2. **閘矩陣**（Gate Array）：先將電晶體以矩陣方式排列，再用金屬層將電晶體元件聯結，以實現所需的邏輯線路。設計所需時間很短，但不能兼顧成本，很耗電。多為小公司採用。
3. **標準單元**（Standard Cell）：用已設計、測試好的邏輯元件（Cell）來建構大型線路。設計時間合理，IC的大小、速度也有競爭力。
4. **混合型**（Mixed Mode）：現今設計有些會用到以上的多種做法。譬如用客製化方式設計一塊（block）線路。此塊線路重複多次，用矩陣方式排列。剩餘一些控制線路則用標準單元來做。FPGA（現場可編式列陣）即是一例。

於是使用NEC及Toshiba兩家日商和LG韓商。可是這三家的製程技術不同，每一家都要花費很多工程師資源，而這些資源對公司來說是非常珍貴的，應該用來開發下一代的新產品。

需求太強了，產能還是不夠。執行長此時做了一個重大組織改革，把原負責業務的副總丹尼・隋柏調升為資深副總，負責產品開發，把我調升為資深副總，負責中央工程、營運及品管。對這項決定我起初不太高興，因為產品開發是我的本行，雖然我也理解中央工程及營運可聯合解決供不應求的問題。營運副總保羅・法蘭克林以及品管協理維恩・坎圖都比我年長，經驗比我豐富，原來和我是平行的。我以誠心、良好的溝通和團隊精神和他們合作愉快，最終達成公司交付的任務。

我的做法是設計一套標準單元流程可以支援多個供應商。台灣的晶圓*代工營

*晶圓（Wafer），指矽半導體積體電路製作所用的矽晶片，由於它的形狀是圓形，故稱為晶圓。晶圓是生產積體電路所用的載體，一般晶圓產量多為單晶矽圓片。晶圓是最常用的半導體材料，按其直徑分為：四英寸、五英寸、六英寸、八英寸等規格，近來發展出十二英寸，甚至研發更大規格。晶圓愈大，同一圓片上可生產的積體電路（integrated circuit, IC）就愈多，可降低成本，但對材料技術和生產技術的要求則更高，例如均勻度等問題。一般認為矽晶圓的直徑愈大，代表這座晶圓廠有更好的技術；在生產晶圓過程中，良率是很重要的條件。

運模式此時展開了。有一天．我在 Zilog 共事過的同事張崇德及于東海來訪，洽談晶圓代工的業務。張崇德當初負責生產我設計的Ｚ８０１０，合作愉快，因此一拍即合，決定邀請聯電代工。接著和台積電及ＩＢＭ也簽約。Ｓ３有顆非常有名的８６Ｃ８６４產品在一個月內送到ＵＭＣ、ＴＳＭＣ、ＩＢＭ三家生產，設計時間沒有增加，產品回來也都運作成功，晶圓產能終於足夠了。我的這套多晶圓供應商方法（methodology），即使現今也運用得上。晶圓供給問題解決了，接著要解決封裝測試的供應問題。有一天，台灣有家封裝測試小公司來敲門，介紹它們的現況及計畫，我聽了負責人一口台式英語的介紹，備感親切，於是交代保羅：「我們來試用。」這是我與矽品老闆林文伯兄合作的開始，後來Ｓ３一度成為矽品在美國最大的客戶。由於需求太旺，又接著和日月光張虔生兄合作。Ｓ３很快躍升為ＰＣ市場繪圖晶片供應商的第一名，市場占有率一度達到三五％。我在營運及品管方面的歷練對於日後自己負責經營公司掌管全局是有很大幫助的。寄語年輕讀者，在職場裡沒有十全十美的工作，有機會嘗試不同性質的工作，總是可以學到新東西，累積不同的經驗，終有用到的一天。

我做的另一項重要工作是建立類比線路設計的能力。繪圖晶片需要兩個高頻振盪

職場上沒有十全十美的工作，
有機會嘗試不同性質的工作，可累積不同的經驗，
終有用到的一天。

源輸入信號，以及紅綠藍三原色輸出信號，送到陰極射線顯像管CRT，才能在螢幕上展現畫面。以往這些類比信號是由另外一顆類比晶片提供。我後來延攬了一位許偉展博士把類比線路和繪圖功能，整合到同一顆晶片裡。省了一顆晶片，自然省了些系統成本，S3持續保有市占第一的地位，仍然是PC產業裡一顆閃亮的星。

俗話說：「創業維艱，守成不易。」S3創業成功，股東及市場期待它繼續成長，股價繼續攀升。同時競爭者多了，產品單價降低，毛利也變小了。在產品上，多媒體的功能需求出現了，顯示器由CRT轉型到平面面板，2D功能到頂，3D繪圖的應用開始興起。這些一件件都是公司的新挑戰。最令人擔心的是新進員工的素質變差了。有一年，我去台灣參加 Computex Show 時，台灣業務負責人林宏正告訴我，來參展的一些員工吃喝玩樂非常浪費。所謂「肉腐生蛆，魚枯生蠹」，敗亂的現象就出現了。

偏偏這時泰瑞倦勤，想找一位接班人。泰瑞在公司內外都找，後來鎖定包括我在內的兩人。最後選中蓋瑞．詹森，我落選了。雖然我被賦予更多責任掌管音響及通訊部門，職稱也提升為部門總經理，但我還是決定離開。道理很簡單，公司亂了，獲選的蓋瑞比我年輕很多，經驗不夠。我的經驗夠嗎？說實話我那時的廣度不夠，尤其在

應付媒體及外國分析師方面。如果泰瑞能多留一年特別培訓我，我應該可以準備好。

你聽過「玻璃天花板」嗎？在美國高科技界，華人要爬到公司頂層非常不容易，通常必須掌握技術及股權兩項。我的大學同學高民環就成功掌管 Garmin 多年。NVIDIA的 Jensen Huang（黃仁勳），Marvell 的 Sehat Sutardja（印尼華人）也做得非常好。

一九九六年十月我離開S3，加入另一家新創公司：瑟孚科技。在S3我前後服務了七年，學習到許多經驗。

一九九六年十二月，我的父親與病魔搏鬥了近四十年後，於十二月十日過世，我帶著家小返回台灣參加告別式。關於對父親的追思，將在後文〈浩浩親恩〉中詳述。

在當年PC高成長時代，S3公司經營得很成功。如今回顧可歸納為三個原因：

一、我在 Verticom 設計過8514A晶片。S3決定將VGA與8514A整合成一顆晶片時，就可以減少一個大變數和風險。

二、新創團隊網羅了五位有設計繪圖晶片經驗的工程師，包括三位台灣人（Kenny Lai, Jonathan Liu, Kenny Shen），一位日本人（Philip Ishii）及一位

▲S3第一顆產品 86C911 獲得BYTE Magazine 1992年「世界最佳產品獎」。自左至右為Anil Kumar、Jonathan Liu、Sridhar Manthani、Darsun Tsien、胡國強、Philip Ishii、Kenny Lai、Kenny Shen等八人負責研發產品。

▲S3在1993年上市。圖為上市慶祝晚會。自左至右：Paul Franlin（Operations VP）、Wayne Cantu（QA）、Terry Holdt（CEO）、Donna Young（Company Secretary）、胡國強Jackson Hu（Engineering VP）、Dado Banatao（Chairman）。

印度人（Sridhar Manthani），加上負責繪圖驅動軟體的 Anil Kumar、負責電腦輔助設計的 Darsun Tsien 和我，八人組成的團隊，成功推出S3第一顆產品86C911，也把S3帶向成功之路。

三、我組合了一套電腦輔助設計工具及設計流程，讓設計模擬做得快速且精確。在我任職工程副總的三、四年間，總共產出十六顆晶片。除了第一次必須修改幾層光罩，之後的十五顆晶片一推出就可量產，不必做任何修改，S3總是可以比競爭者早幾個月或半年推出新產品。在變動快速的半導體產業，幾個月往往就是決定勝負的關鍵。

瑟孚科技與衛星定位

瑟孚科技（SiRF Technology）是S3創辦人達竇·柏那陶與兩位印度裔坎哇·查達（Kanwar Chadha）、山傑·可立（Sanjay Kohli）三人創立的。經營一年後遇到瓶頸，我加入成為公司的執行長。山傑以前在南加州就從事衛星定位系統軟、硬體的開發，具工程背景。坎哇則擅長行銷。我決定加入瑟孚最主要原因是：衛星定位的潛在應用實在太大了。GPS是美國國防部開發造福人群的兩項科技之一（另一項是互聯網 Internet）。GPS最初目的是提供洲際飛彈導航用，當初系統設計時就規劃有軍用及民用信號。軍用信號是加密的，沒有美國政府授權無法解密。

GPS衛星的布建及維護所需的財力龐大，當時只有美國擁有這樣的財力。蘇聯、歐盟及中國大陸都還沒有這項能力。一九九六年GPS民間應用非常有限，業界有一家系統公司 Garmin 販售導航產品給遊艇、飛行等高端應用。在日本，汽車導航才剛起步。這些導航系統內使用的晶片都是系統公司如 Garmin 內部設計的。

瑟孚的目標就是設計開發GPS晶片組，讓衛星定位的應用普及到消費產品的層次。GPS的信號是從一萬兩千英里的高空送下來的，信號是屬於射頻範圍而且很微弱。地面上的接收器必須能收到、放大信號，然後經由軟、硬體計算出經、緯度的位置。接著把經、緯度座標套到電子地圖上，就可以產生許許多多有益又有趣的應用。我們的願景應用包括方便性的，例如：汽車導航，尋找加油站、商家等；以及安全性的，例如：緊急狀況時報告人員的位置等。在北美洲，有線電話在緊急情況下可撥打911求救。有線電話有註冊登記的地址可供救援之需，可是無線通訊時怎麼辦？手機使用者所在位置可以是任何地方，使用者甚至可能不知道自己身在何處？怎麼通知救援單位呢？

GPS的背景資料

GPS（Global Position System）是美國國防部開發造福人群的兩項科技之一（另一項是互聯網Internet）。GPS最初目的是提供洲際飛彈導航用，當初系統設計時就規劃有軍用及民用信號。軍用信號是加密的，沒有美國政府授權是無法解密的。

GPS衛星系統最初布建了二十四顆人造衛星，以提供良好的信號覆蓋率，也就是地球上任何一空曠地區都可以看到三顆衛星，用三角定位法定位。過去這些年來，因為衛星穩定度佳、生命期比預期長，美國又陸續發射送上更多衛星，使得總數超過三十顆，覆蓋率更佳。

GPS的衛星在距地球表面一萬兩千英里的高空運行，送下來的信號非常微弱，地面上的接收器必須把信號放大、運算、消除雜訊，把經度、緯度的坐標算出來，然後套用在地圖上，就可以做導航應用了。

美國聯邦通訊委員會於是提出改進的９１１或Ｅ９１１的新法規，在新法規下，手機使用者打９１１電話時，電話必須提供使用者所在位置的訊息。要達到這項目的，有兩種技術可用：（一）透過三座無線通訊基地台進行三角測量；（二）利用ＧＰＳ算出經度及緯度的資料。兩種方式各有利弊。三角定位法只需軟體即可，使用ＧＰＳ則必須加入接收衛星信號的硬體及計算經緯度的軟體。但有了ＧＰＳ定位能力，就可以提供自動且連續導航定位的應用，這是三角測量定位無法做到的。

二〇〇五年十二月三十一日，Ｅ９１１要求九五%的營運商必須提供位置訊息的服務。對瑟孚及其他ＧＰＳ產品供應商來說，這是很大、確定會發生的商機及誘因。如今這些應用都已經變成事實，可是這個過程是漫長且崎嶇的，且聽我道來。

我到瑟孚上任，第一件重要事就是增資。在我到任之前，公司籌集的四百萬美元種子資金即將用罄。我帶領了兩位印度同事來到台灣募資，第一位面見的是Investar邰中和先生。邰兄和我是建中同屆、不同班的同學，他在宏碁時和我就有業務往來。當我展示我們的第一代產品並解釋我們的願景：有朝一日ＧＰＳ會進入手機時，他對著我笑，那笑容是「不相信」的意思。不能怪他，因為當時的ＧＰＳ展示線路板比手機還要大。感謝邰兄的支持，他決定投資。接下來兩週內，我們在台灣總共籌到八百多萬美元，而且每股價格是四美元，可說是收穫豐盛。拿到了這些資金，我們專注於把晶片做小、做便宜。等到第二代晶片出來，線路板就縮小到名片大小，但仍然太大進不了手機。直到第三代晶片，線路板又縮小到如郵票般大小，才終於進入 Motorola Nextel 手機。現今每一支智慧手機裡都有GPS功能。

在矽谷開發IC成本很高，我每年都要設法增資。因為產品的改進不能很快到位，投資人不願一次就投入大筆資金。記得在瑟孚六年，我總共籌資五次，共計七千五百萬美元。投資的公司及單位也多，譬如：Nokia、NTT Do Ko Mo、Hitachi、UMC、中華開發、中經合集團等等。當年是「台灣錢淹腳目」的年代，許多公司及個人賺了錢都成立創投資金，許多公司也到矽谷設投資辦公室，直到二〇〇一年網路泡沫化以後，這些創投機構才開始萎縮。記得台灣一度有兩百多家創投公司，投資瑟孚的也包括統一食品及遠東企業。六年下來我籌得的台灣資金也有三千五百萬美元。瑟孚二〇〇五年上市後，市值曾經超過十億美元。如果逢時出脫，每家投資人應該有五倍或更高的收益。

在瑟孚六年中還有兩件大事與投資有關。一是專利訴訟，二是911紐約恐怖攻擊事件。專利訴訟是由 Trimble Navigation 對瑟孚發動的。Trimble 是一家GPS系統應用公司，專注於高端精密測量系統，和瑟孚應該是井水不犯河水，可是當年它們也有一個小部門製作消費型產品。聽說這個部門的主管想把該公司的GPS接收技術授權給諾基亞，等到聽說諾基亞投資瑟孚三百萬美元後大怒，於是決定提出專利訴訟做為報復。其實瑟孚與 Trimble 以前私下談過合作的可能時也討論過該項專利，討論過程瑟孚還錄影存證，所以很明顯是一項敵意的騷擾行為。這個訴訟爆發時，瑟孚正在增資，有些已經允諾要投資的公司突然叫停，說要等訴訟結果比較明朗時再決定。

在美國，正常的專利訴訟流程可以拖到兩年或更久。我們怎能拖這麼久？當時瑟孚在銀行的現金水位是一百萬美元，而公司的月營運費用約七十萬美元。鑑於形勢的嚴峻，我很快做了兩項決策：（一）與公司創始股東商請借款，以便有時間應付訴訟；（二）請律師向法官申訴這是一個大公司騷擾小公司的案子，請法官介入加速流程進行。在提出強有力的說明後，都得到正面回應。我很快拿到了三百萬美元的短期貸款。聖荷西法院的懷特法官在他的庭上舉辦非正式的聽證，雙方都邀請了業界專家作證。結束後我以為對方應該知難而退，願意撤訴或和解，沒想到對方決定走下一步：在過程中傳喚證人，收集證據（deposition）。瑟孚的工程師、協理、副總都被傳訊，我們的IC設計線路圖也被檢查。到這個時候對方終於了解到他們的勝算不大，才願意和解。和解金額不大不小，但是分十年付，對公司的壓力就減輕。這次事件後，我聘請了一位專利律師，和工程師們共同申請專利，充實智慧財產權的保護。那一次增資目標是一千兩百萬美元，整整花了十二個月資金才到位。

二〇〇一年九月十一日，我的行程計畫是飛到猶他州鹽湖城參加一個GPS展覽並發表一場演講。行李前晚就打包好了。清晨起來第一件事是打開電視看新聞、看氣象。剛好看到第二架飛機衝撞世貿大樓，當下就猜到展覽會是去不成了。果然美國馬上實施淨空令，所有民用飛行器都不准升空。恐攻事件造成美國及全球金融界的恐慌。當年的增資也變得複雜，譬如中華開發已經是既有投資人，第二次投資審核應該很簡單，恐攻後它們的政策改變為把所有投資案當作初投，嚴格審核。我於是飛回台灣，與中華開發面對面花了一整天時間溝通才過關。

瑟孚的營收自我加入起每年都成長一倍，到二〇〇〇年已經獲利，於是在當年十月申請上市。誰都沒料到碰上網路泡沫化，股市崩盤，於是又撤回申請。瑟孚最終是在二〇〇五年上市，市值最高時衝過十億美元。瑟孚的晶片組在全球的市占率最高時有六〇%。由於競爭者增加，價格下跌，再加上專利訴訟失利，二〇〇七年瑟孚股價慘跌，後來以便宜價格賣給生產藍芽晶片（Blue Tooth）的英國公司CSR。我是在二〇〇二年十月離開的，在瑟孚工作了六年。

IC Ensemble

在Ｓ３公司時，我聘請一位類比及混和訊號的設計專家許偉展來助陣。他是伊利諾大學物理博士，曾服務美國德州儀器、ＡＴ＆Ｔ等公司。我離開Ｓ３後，他晉升到副總經理。一九九七年他靜極思動，邀請我一起創業，成立 IC Ensemble 公司。我當時在瑟孚擔任執行長職務，於是掛名 IC Ensemble 董事長，他擔任總經理。當時ＩＣ產業成長正旺，除了我們自己出資外，台灣的矽品及聯電公司都是投資人。我們的產品與音響有關，包括ＣＯＤＥＣ編碼解碼器和高階多聲道音響控制器。公司雖小但員工經驗豐富，經營三年後開始獲利。不幸當時許偉展被檢查出罹患鼻咽癌，身心壓力都很大，於是我們決定把公司出售給威盛。威盛當時生產ＣＰＵ聯結晶片組，與英特爾直接競爭。英特爾一度選錯了系統記憶體，而讓威盛超前。我們出售的價格不錯，投資人都有三倍回收，售出的時間點更是好：二〇〇〇年十月。幾個月後，網路泡沫化，華爾街股價慘跌，整個高科技界受到很大衝擊，二、三年後才稍有回復。

我的台灣經驗

二〇〇二年底，我終於決定回台灣工作。促成我的決定有三個因素：（一）有一次回台灣出差，在家庭聚會時，妹妹台娟說了一句玩笑話：「二哥，你一走了之這麼多年！」我聽了很不是滋味。那時父親已經過世，母親也八十六歲了。當年兄妹照顧父母過程之辛苦，我是知道的，也深感愧疚自己沒有盡一份心力。（二）美國矽谷開發IC的人工成本太高，很多設計公司早已轉移到中國大陸、台灣，甚至印度。（三）獨子胡延彬進了大學，住校求學。

時光飛逝，從二〇〇二年底到現今也過了十三年。我在台灣參與了兩家公司：聯華電子和新能微電子。我的台灣經驗和矽谷經驗，很不一樣，回顧如下：

聯華電子

我和聯華電子（UMC）的關係開始於S3。前文敘述到我在S3最初負責產品開發，後來調升負責營運。在一九九〇年PC高成長年代，全球半導體產能嚴重供不應求，台灣的聯電及台積電都進入晶圓代工行業。S3很快就和這兩家代工廠合作。因為聯電負責生產的主管張崇德，是我在Zilog的老同事，以前合作就很愉快，所以

S3是先和聯電合作。

我還記得S3的產品最初使用的是〇．六微米的製程，在六吋廠6A生產。當收到第一片晶圓時發現良率是零，在光學檢驗儀器下看見處處是亮點（短路現象）。當時壓力超大，雙方的團隊每天通電話，傳真相片，企圖找到問題的癥結。結果是問題大，但是不多，製程修改後就有良率了。後來持續改進，提高良率，生產成本降低許多。S3與聯電的第一次合作是成功的。因為產能不夠，S3緊接著和台積電合作。台積電負責的主管是曾繁城，當年的執行長是老美 Don Brooks。台積電也是〇．六微米製程，但是使用八吋晶圓，良率很好，不過產能還是不夠。我到全球各地去尋找可能的產能。有一年我有十二週是在天上飛、路上跑。

不久，聯電告知我們要蓋新八吋廠，詢問S3合資蓋廠的意願。S3執行長泰瑞．荷特與張崇德也是舊識，很快就建立信任感，於是加上另一家矽谷的記憶體公司 Alliance Semiconductor，在一九九五年共同集資成立八吋晶圓廠：聯誠。資本額八億美元，其中四億是銀行貸款，四億是集資，其中聯電出資二．二億，S3出資一億，Alliance 出資八千萬。S3資金占二五％，但可擁有三二．五％的最大產能，對S3算是非常優惠。聯誠總經理是張崇德，董事會成員包括曹興誠、宣明智、張崇德、

Dan Reddy（Alliance Semi 執行長）及胡國強（代表S3）。

記得公司成立那天，聯電在新竹舉辦非常隆重的儀式，先是上午在室外廠址破土開工，接著在室內舉行記者招待會，記得當時名立委趙少康先生站在我旁邊。輪到我用英文致詞時，免不了要替聯電大力吹捧一番。結束致詞，趙委員就跟我聊起來，因此知道他是比我低一屆台大農機系畢業。他很客氣，反應快，馬上稱我為學長。

曹興誠當時是聯電集團董事長，他後來又規劃了另外兩家合資晶圓廠：聯瑞與聯嘉，邀請矽谷公司 Trident（林建昌）、Oaks Technology（臧大化）、Xilinx 以及加拿大公司ATI（何國源）來參與。但是，聯瑞的廠房後來不幸著火燒毀。聯誠產能利用率很好，獲利後計畫上市。據說台灣證管機構不准，聯誠遂併回聯電，等同上市。S3擁有的股票在股價高點時共值十億美元，投資報酬率是十倍。聯誠可能是業界成立合資晶圓廠最成功的一家。後來台灣、韓國、中國大陸紛紛蓋八吋晶圓廠，造成產能過剩現象，也就沒有必要成立合資廠了。

如果用「善緣」來形容我和聯電當時的合作關係是恰當的。當我決定離開S3時，宣明智特地從台灣來看我，送了一組四匹玻璃馬（關西燒製）的禮物，每一匹還有個名稱；一匹叫「好馬不吃回頭草」，一匹叫「馬到成功」等。宣明智表明希望我

▲1995年，曹興誠意氣風發，一口氣成立了三家合資八吋晶圓廠：聯誠、聯嘉、聯瑞。圖中前排右起張崇德、蔡明介、Fred Chen（ESST）、胡國強（S3）、曹興誠、Dan Reddy（Alliance Semi）、宣明智、何國源（ATI）、Curt Wozniak（Xilinx），12月15日合影於桃園揚昇山莊。

加入聯電，我因為兒子還在唸小學沒有回台灣的打算，就婉謝了。我加入瑟孚科技公司募資時，聯電也有投資，瑟孚的第二顆產品是透過智原科技在聯電生產的。善緣繼續累積。

二〇〇二年十月我一離開瑟孚，宣明智就透過于東海找到我，邀請我到台北會面。我飛到台北和曹興誠、宣明智見面談了兩個小時後，曹興誠就決定聘請我。工作是負責智慧財產（IP）的開發及兼任新事業群的總經理。IP跟IC設計相關性很強，是我專業訓練的一部分。新事業群面對的是新創公司客戶。我之前曾任職四家新創公司，對它們的需求很清楚，於是簽約上任。第一天上班是十二月三十日，在新竹聯電總部。因為向我報告的人在矽谷及新竹都有，我在美國花了兩個月熟悉聯電在矽谷的同仁與業務，然後才回台灣到新竹聯電總部。上班見到曹興誠後他給我一個驚奇，他說宣明智（當時聯電執行長）身體不好，問我是否有興趣接任執行長。我說初來乍到，東南西北都不清楚，婉拒了。沒想到四月時，他又舊事重提而且說經過了這段時間觀察，覺得我可以競選下任執行長，於是他主持了一個選舉，為了鼓勵其他高階主管出來角逐，曹興誠提供激勵獎金，結果包括我共有五位報名。選舉採「法國總統制」，有兩輪投票。第一輪五人中選出兩人（包括我），第二輪我的得票較高，於是當選。接下來我就跟著宣明智實習，到各廠區及單位聽簡報及認識幹部。兩個月後，我覺得準備好了，於是在二〇〇三年七月十五日對外發布消息。

聯電藉著這個機會對外表達它的新經營方向，由最初的整合型元件生產商（IDM）到虛擬整合型元件生產商（Virtual IDM），再到純晶圓代工（Pure-play Foundry）。當時原聯電旗下的設計部門已經分家出去，成立了多家設計公司，如聯發科、聯詠、智原等也都做得很好。新聞稿中宣布聯電將逐漸出脫這些公司的股票，聯電與聯家軍設計公司的關係將變成純供應商與客戶的關係。這些宣布解除了業界長期以來對聯電營運模式的疑慮。台灣股票市場對我的上任反應還好，大概是因為我在矽谷已經當過執行長，在S3及瑟孚有些作為，無不良紀錄。

在執行面上我訂定兩個清楚的目標：（一）加速九十奈米製程，由新竹八吋廠轉移到台南十二吋廠，並進入量產；（二）找回當初流失的〇．一三微米大客戶。第一項由張崇德負責，第二項延攬客戶則是我的責任。我從矽谷回來，當時在IC設計界已經工作二十五年，與歐美客戶對話時可以說同樣的「語言」，充分了解他們的需求。研發〇．一三微米製程時，聯電與IBM合作選錯了金屬銅材料，導致失敗。後來更改材料延誤了很長一段時間，造成客戶及員工的流失。我出任CEO一年半後，大大改進〇．一三微米及九十奈米的良率，開發出十二吋廠的產能，歐美有八家大客戶也都回來跟我們做生意。

接任執行長後不久就發現員工士氣不好，一家美商設備公司的台灣團隊告訴我，他們去台積電開會時，碰到一群聯電跳槽的員工，那是〇．一三微米時發生的事。人才是任何一家公司或企業成功最重要的因素。二〇〇八年我離開聯電時，親身體會到聯電高層不重視人才，這是後話。我認為身為執行長必須清楚地將他的理念與策略告訴員工，不斷鼓舞員工的士氣，與他們一起朝著公司短、中、長期的目標確實執行。我於是花了很多時間定期、不定期地與大家溝通，凝聚共識。客戶是公司的衣食父母，我每季都會輪流飛到美國、日本、歐洲、大陸去聽取客戶的需求與抱怨，做為改進及努力的參考。

我在聯電五年半，只聘請兩位新副總：林子聲及鍾立朝，來充實聯電高階主管的陣容。他們都是從美國延攬回來的，林子聲是我在Zilog的同事，專精設計，請他負責規劃ＩＰ的開發，後來聯電ＩＰ的完整度及品質，在晶圓代工界都首屈一指，不輸給台積電。鍾立朝專精製程技術，受過美式訓練，注重技術細節。他們兩位有個共同的特點：ＥＱ很高，待人處事圓融，很容易就融入聯電團隊。

聯電是一家大公司有許多資源，如果好好利用，可以做許多事。為了扭轉聯電在業界很「悶」的名譽，我經常參加國際會談，用英文報告公司的近況及未來計畫。因為我懂ＥＤＡ（Electronic Design Automation），與設計工具公司很容易溝通。我提出了SOC Solutions（系統晶片解決方案）的公司定位。換句話說，透過與ＩＰ供應商、設計工具公司、封裝測試公司的緊密合作，聯電提供的製程技術更能滿足客戶的系統設計需求。這個系統晶片解決方案的定位讓聯電有了差異化，令人耳目一新。

聯電在我加入之前蓋了一座多功能的體育活動館：聯園，有游泳池、籃球、排球、羽毛球場地，也有有氧舞蹈、按摩院、餐廳等設施。我們透過管理部經常舉辦內部及社區的運動和休閒活動。在我五年半的任期內，除了工作外，運動是我的第二優先選擇，我經常參與公司運動會及其他康樂活動。當時，公司內外呈現出一片朝氣蓬勃的景象。我也常利用週末在新竹和台北郊區爬山，儲備體力。

二〇〇三年爆發了ＳＡＲＳ病毒疫情。全球各國的機場、港口都實行嚴格的檢疫措施，大家怕被傳染就避免旅行。有一回我必須去美國洽公，在機場貴賓候機室只有我一個人戴著口罩，隔了一陣子，看見另外一位老兄也戴著口罩，晃著肩膀走來，一眼就認出是我的大學同學蔡明介，兩人聊了幾句就決定把口罩拿下來。那一班長榮商務艙裡就只有我們兩人。二〇〇三年第三及第四季的訂單及營收都受到影響，許多市場需求被往後推到二〇〇四年。加上聯電在〇．一三微米及九十奈米的良率有長足的進步，二〇〇四年的營收達到三十七億美元的歷史新高，稅後淨利達二五％，是我任內表現最好的一年。

九十奈米的競爭已經差不多了，接下來就是六十五奈米。我原以為由於九十奈米的進步，六十五奈米的進展應該縮短與台積電的差距。據客戶說聯電仍然落後兩季以上，原來台積電的六十五奈米的開發比我們早了兩年。另外一項警訊是研發部門與生產部門的聯繫不好，有各做各的情形，造成我們為美國最大客戶研發的六十五奈米製程，在準備轉入量產時才發現某一個製程模組不能用，要重新來過，行程就嚴重落後了。這兩件事對我好比「當頭棒喝」，讓我苦思對策，經過與高階主管討論後，我決定深入組織了解台積電與聯電的差距為什麼那麼大。每個月我都安排一些中階研發、生產主管來報告他們進行的項目。這種形式的檢視、複習持續了一年後，我提出了幾個具體做法：

一、設訂「研發的結果要能直接生產」（Make Technology Manufacturable, MTM）的目標。

二、訂定製程技術到位、ＩＰ到位及生產到位三階段目標及參數指標。當聯電告訴客戶我們六十五奈米準備好了就是真正準備好了，否則聯電的信譽會嚴重受損。

三、採用「失效模式與效果分析」（Failure Mode and Effect Analysis）來預防錯誤的發生。這個方法起源於美國航空工業，適用於設計、生產及各行各業。

以上這些做法是執行面的，另外在策略面及結構面，聯電與台積電的差異就更大了，容我稍後說明。

二〇〇五年五月爆發和艦事件，檢調單位搜索聯電辦公室。二〇〇六年一月又起訴曹、宣兩人。曹興誠召開臨時董事會請辭董事長一職，提名由我接任。和艦科技是我加入前聯電主導的晶圓廠投資案，資金包括大陸地方政府、外資及台資等。因為不是台灣政府核准的三個八吋廠名額之一，又值民進黨執政，引起台灣政府很大的關切。雖然幾年後判定曹、宣兩人無罪，但當年對聯電公司的形象及員工士氣的衝擊都很大。事件發生後曹興誠飛到紐約去逛博物館，連公司律師都稱病遠避南部。我硬著頭皮面對員工，鼓勵大家專注在自己的工作上，以渡過難關。我後來建議董事會，每年以不超過台幣五千萬元基金幫助弱勢學生。當時李家同教授已在這方面努力多年，聯電遂透過志工社團燭光社與李教授一起合作。管理部每季都會向我報告學生學習的進度。在接下來的兩年內，聯電大約每年提撥台幣兩千萬元，大多花費在聘請老師及採購課桌椅及書籍等。後來做出了成績，連印度都有科技協會的機構來觀摩。聯電的形象才逐漸恢復。

聯電有個部門負責專利，包括專利申請、研究、訴訟等事務。如同其他台灣半導體同業公司一樣，聯電在專利上面下的工夫不夠，不論質與量與歐美大半導體公司相比都差很多。在大公司強勢壓力下，通常是每年都付給對方大筆的權利金，簽約期滿續約時，權利金還會增加，沒完沒了，是非常不合理、對公司獲利影響甚巨的不平等條約。我接任CEO後，與專利部門一同擬定策略要反轉這個劣勢。我們除了將重心放在專利品質上，也改守勢為攻勢，分析對方的產品，看看是否有侵權聯電專利的情事。經過幾年努力，終於有了大突破。二〇〇八年一家美國大半導體公司要求續簽權利金合約，並將權利金提高至每年四千萬美元。當同仁展示對方產品侵犯聯電專利的證明時，對方終於了解聯電已非「吳下阿蒙」。在二〇〇一年到二〇〇七年，七年間，聯電總共付給這家公司二億五千萬美元的權利金。從二〇〇八年起，聯電就一毛不付了。現在回想此事，再一次給那些研究專利的同仁按個讚！

還有一件值得一提的是善盡聯電的企業社會責任。身為晶圓生產公司，聯電在過去二十幾年，在環保、安全、衛生、廢水處理上已持續努力多年，後來我成立了「企業社會責任委員會」並兼任主任委負，負責整合監督並提高環保、安全、衛生的重要性。二〇〇七年我們得到《遠見》雜誌年度ＣＳＲ競賽的首獎，這是提升聯電社會地位的好消息。

半導體產業發展到二〇〇五年左右，有一個很明顯的改變：由於先進製程技術開發投資太大，很少有垂直整合元件的公司（ＩＤＭ）有經濟規模地進行如此大的投資。於是它們紛紛停止興建新廠，一個新營運模式「輕晶圓廠」（Fab Lite）誕生了。這些ＩＤＭ廠商保留了特殊技術有差異化的工廠，先進製程的需求就委託晶圓代工公司，如台積電、聯電、特許、中芯等。這個趨勢及改變對晶圓代工產業是好事，但是對學術界就麻煩了。

原來全球很多知名大學的物理系、電機系，都靠ＩＤＭ公司提供晶圓生產的機會，以測試教授、學生們設計的線路。現在ＩＤＭ沒了怎麼辦？我於是啟動一個和學術界合作的大計畫：和全球著名大學合作。構想是提供給著名大學的名教授晶片空間，一片十二吋晶圓可以提供很多Shuttle Space。和教授們合作的項目都和聯電製程或ＩＰ有關，成果可以共同擁有，也可以一起申請專利。最終我們與全球二十二所大學合作：台灣有台大、成功、清華、交通等大學，美國有史丹佛大學、加州大學柏克萊分校、伊利諾大學、加州大學洛杉磯分校、佛羅里達州立大學等，瑞典的 Lund University 因射頻技術著名，也是合作對象之一。

回首前程，我在聯電做了許多對公司、員工及客戶有益的事。鑒於台灣媒體的複雜及獨特的高科技界文化，我一開始就刻意回絕許多平面及電子媒體的邀訪，避開許多無謂的煩惱。雖然我最後離職時仍被台灣的特殊媒體文化掃到，那也是因為有心人士有目的的作為。

我在聯電最後一件計畫是推動公司內部結構性的改變。二〇〇七年聯電與台積電競爭態勢的比較可以下圖來說明。

二〇〇七年台積電與聯電的營收比是三比一。聯

2007年聯電與台積電競爭力比較

	Rev.	R&D %	R&D $	R&D Head
台積電 TSMC	3	6	2	2
聯電 UMC	1	9	1	1

電的研發經費是營收的九％，台積電則為營收的六％。以金額計算，台積電是聯電的兩倍。我們收集到的情報，台積電的研發工程師人數也是聯電的兩倍。假設台積電的工程師一天工作十小時，聯電的工程師則必須一天工作二十小時，才有可能在先進製程研發上維持平盤的局面。當然工程師不可能每天工作二十小時，因此兩家公司在先進製程上的差距只會愈來愈遠。怎麼辦？我身為CEO的目標是增進聯電的競爭力，縮短與台積電的差距。我不能沒有作為。

其實早在二〇〇六年，就有投資銀行來遊說聯電併購特許半導體。特許位居晶圓代工產業第三名，最大的投資人是新加坡的淡馬錫集團，可以說是新加坡的國營公司。特許營收在二〇〇七年是聯電的二分之一，研發工程師人數也是聯電的一半。二〇〇七年我與特許的執行長謝松輝開始接觸，後來有一家私募資金表示願意投資並促成併購。在商談的過程中，我每回都會把結果告知曹興誠、宣明智兩人，三人在資訊上是同步的。二〇〇八年五月，三方在香港見面了。聯電是曹興誠、宣明智和我三人，特許由董事長、執行長及淡馬錫代表出席，私募基金有兩位代表。會議在一間旅館內進行了兩天，雙方自我介紹並討論合併的想法。那天開會的日期我永遠都會記得：五月十二日，四川汶川大地震。傍晚回到房間，電視報導死亡人數已達二千人。

在香港的會議進行得不錯，後續才有我和謝松輝在曼谷機場旅館進行一整天的資料公開會議。雙方把組織圖及客戶名單都列出來比較。我看了覺得鼓舞，因為很少重疊的客戶，同時特許各部門的經理人年資比聯電淺，有利於兩家公司的整合。緊接著就是談股票交換比例。對方有個溢價期待值，宣明智和我覺得折一半應該就可以了。後來淡馬錫派一名高階主管來台與曹興誠談換股一事，當天我因為陪同一位美國大客戶新上任的CEO談生意沒有出席。事後曹興誠也未告知商談的換股結果。七月初我赴美拜訪客戶一週，行前與謝松輝約定雙方均會在七月中旬向自己的董事會報告準備合併一事。

七月十三日週日回到台北，發現曹興誠改變主意，決定不併購特許，專注做轉投資後，我就留不住，只好辭職了，我和聯電的緣分也到此結束。我在聯電前後五年半，包括任執行長五年，董事長兩年半。

新能微電子

二〇〇八年離開聯華電子後，著實好好休息一陣子。那時我的腦力與體力均佳，心想如果就此退休，擔心對身體反而不好，因此對可能的工作機會保持歡迎的態度。

一位好友是風險投資公司的老闆，想要促成我加入上海一家大晶圓廠擔任執行長，幾經思考後決定不去，雖然我的身家調查是通過的。在經歷聯電後，對任何公司的文化都很敏感，直覺認為缺乏誠信的文化不利公司的成長，做起事來事倍功半，吃力不討好。當時這家上海公司的外界風評是派系太多；政府的官股有兩派，再加上海外創投公司一派，想想就頭痛。只好多謝這位創投界的朋友了。

不久，一位美商大設計工具公司的老外老闆，希望促成我加入首爾一家大型的半導體公司。對方的高階主管也飛來台灣，與我在新竹見面，這回倒是很容易決定，因為語言、文化、生活環境都不熟悉。

因我以往的ＩＣ設計背景，在台灣的同學及朋友也紛紛介紹機會。一家是上市的ＡＳＩＣ設計公司，一家是即將上市的電視控制晶片公司，但因為擔心這些公司既有的文化包袱而一一婉謝。最終選擇了台達電轉投資的ＩＣ設計子公司：新能微電子。該公司是二〇〇八年台達電與立錡科技合資成立的。目的是設計創新的電源晶片為主，有直流對直流轉換器，也有交流對直流轉換器。台達電還希望把晶片及其擅長的被動元件整合成微型模組。公司運作大半年後，營運不順利，總經理辭職，員工士氣不振。這時候有位朋友告訴我這個機會，於是與鄭崇華、海英俊、柯子興等人見面。

在了解他們的目標後答應加入。接著邀請我以前在S3及IC Ensemble的創業夥伴許偉展博士一同參加，就這樣開始了合作關係。

不久，我就想引進一位大公司客戶兼投資人，無奈該公司以往與台達電生意上相處不好，因此沒有結緣，機會反而被一個競爭者拿走了。所以台達電始終是唯一大股東，掌控公司，四年以後鄭崇華退休，管理團隊換手，策略改變，就在二〇一五年結束了公司。

這幾年得到的經驗是：台灣在類比電路IC設計方面的經驗能力，比歐美公司落後甚多。在業界，數位IC的設計因為有許多工具可以幫忙，學得很快。類比IC設計則靠經驗累積和師徒傳承，需要長時間才看得到結果。另一點是台灣類比公司的規模較小。當初PC產業高速成長時，以低價策略替代了歐美廠商產品，之後就一直生產類似的產品，比較沒有機會轉換跑道，生產不同的產品。好現象是台灣的類比公司每家都有特色，少有重複，但應該合併，以整合技術、產品、經濟規模及競爭力。當然在「寧為雞首，不為牛後」的文化下，整併是不容易做到的。

返校領「傑出校友成就獎」

二〇一五年中，我收到伊大電腦科學系通知被選為「傑出校友成就獎」得獎人。十月二十一日我與內人懷著興奮的心情，回到了俄班納．香檳雙子城。這是我們畢業後三十七年第一次返校。當搭上美國航空公司噴射小客機從芝加哥轉機飛往香檳市時，發現飛行時間只要二十八分鐘，真令人驚喜。以前我們搭乘的是Ozark航空公司螺旋槳機要飛一個小時，而且很吵。時值秋天，路樹色彩繽紛，煞是美麗。玉米田早已收割，顯得和以前一樣空曠。不過靠近學校行政中心附近多了許多建築物。我們下榻的I旅館是二〇〇八年才興建的。透過電機電腦工程系（ECE）馮明教授及夫人張雅姝的悉心安排，我們在十月二十二日有一整天的時間輕鬆逛校園，重溫當年學生時代的快樂時光。

電腦科學系及電機電腦工程系在伊大是兩個大系。這些年增加的學生人數及增建的建築物也最多。校方人員表示今年全校大學生有四萬四千人，其中五千二百人是中國大陸來的。據說因伊州財務狀況不佳，所以廣收外國學生以增加收入。而伊大的教育品質相對於學費比在美國大學裡排名甚高，因此中國學生來得特別多。當年我在唸博士班時，中國學生加老師只有六百多人。

▲2015年10月23日與2000年圖靈獎得主姚期智夫婦（Andrew & Francis Yao，左二人）在傑出校友頒獎晚宴合影。

▼2015年10月23日在伊利諾州香檳市接受系主任 Prof. Rob Rutenbar 頒獎與合影。

電腦科學系有一棟新教學及辦公大樓：希柏中心。這是校友湯姆・希柏捐贈興建的，是一棟現代化的綠建築，採光好、耗電低。我注意到有許多開放式的閱讀空間，其他如大型視聽教室設備非常完善，現今的學生享受更多、更好的教育資源，很為他們高興。

電機電腦工程系則一口氣增加了三棟大樓，蓋在原來的棒球場上：ECE教學辦公大樓、貝克曼大樓及微奈米實驗室。在微奈米實驗室前有兩尊抽象雕像，紀念兩位偉大科學家對人類的貢獻，一位是發明電晶體的約翰・巴定；另一位是發明雷射的尼克・荷尼雅克（仍在世）。巴定是史上唯一拿了兩次諾貝爾物理獎的科學家，除了電晶體，他與學生也發明了超導體。

十月二十三日我們參觀了伊大的創新孵育中心及藍水超電腦中心（Blue Water Supercomputer）。下午聽了著名學者電腦科學家姚期智（Dr. Andrew Chi-Chih Yao）博士的演講，題目是「量子計算」（Quantum Computing）。姚博士也是一九七三年秋天到伊大進修博士的，當時他已拿到哈佛大學的物理博士學位，只花了兩年就拿到伊大電腦科學的博士學位。畢業後他到普林斯頓大學當教授，後來又到北京清華大學，現任該校交叉信息研究院院長。姚博士是二〇〇〇年圖靈獎（Turing Award）得主，該獎被人公認為電腦界的諾貝爾獎，他是目前唯一的華人得獎者。我們這次是四十年來第一次相會。

頒獎典禮是在晚餐之後，共有三個獎項：成就獎、教育獎及服務獎。我有幸與另外十三位同為今年得獎人。

此行中，也很榮幸接受當地中文雜誌《香檳》叢刊記者 Meiling Chan 的採訪。透過她送我的五本年刊，我對香檳市近年來華人生活圈有更深刻的了解。譬如創刊號（二〇一〇年）裡轉載了一篇張紹進教授夫人張盈盈紀念女兒張純如（Iris Chang）的文章〈一個作家的誕生：純如的絲繭之夢〉，另一篇是張純如受邀在她以前唸的 Union High School 畢業典禮的英文致詞全文，我讀了以後真是感慨萬千。內人賈儀光在當研究生時曾兼職中文學校老師，教過張紹進教授的兒子 Michael、劉兆漢教授的兒子小毛，及劉炯朗教授的女兒 Katherine。我們結婚時很榮幸邀請到許多教授及夫人們來參加婚禮。我家的照相簿中保存一張與張紹進夫婦全家的合照，當然有在唸小學的 Iris 與 Michael。張純如後來寫了兩本暢銷書：《*The Rape of Naking*》及《*Thread of the Silkworm*》。這兩本書我都讀了，也很感謝純如將許多關於錢學森教授的生平及中國發展導彈的內幕公諸於世。南京大屠殺的內幕對華人來說是無比沉重的，光是收集資料就很不容易。感謝純如的努力，否則老成凋零，真相就愈來愈模糊了。有人覺得純如肩負太多中華民族的苦難，也有人認為她的出生負有重大的任務，她圓滿完成這些任務就離開人世，恰如一顆閃亮的彗星劃過黑暗的天際。

二〇一四年刊中有紀念劉兆藜兄及郭宗儀教授的文章，也令人不勝唏噓。兆藜兄的故事前面已有敘述。郭教授我見過但不熟，是學弟顏維倫、林勤緯的指導教授，從他們那得知郭教授對學生很好，學生對他也尊敬有加。

這次返校之行，將過去三十七年跟學校疏遠的距離又拉近了許多。過去的人、物、事又歷歷在目，浮現在腦海中。人生的經歷真是奇妙！

我很幸運，在離開學校後搭上半導體產業的列車。因緣際會，涉獵了設計工具、ＩＣ設計及晶圓代工三個領域。遇見業界許多優秀的同業，更見證半導體在應用上無與倫比的影響，包括個人電腦、互聯網、智慧手機、衛星導航等等。最特殊的是我工作過的公司裡有五家是新創公司。因此我在第4章特別分享個人的工作及創業經驗，提供給年輕創業家或想要創業的年輕人參考。當然我也會對摩爾定律的走向提出個人的看法。

我在台灣半導體業界服務了十二年半，有一些經驗與觀察。與矽谷或南加州比較，台灣的創新度不足、沒有建立創新文化。另外台灣很多公司的管理不佳，大多數停留在人治階段，碰到困難時只考慮公司創辦人的利益。如今半導體成長趨緩，台灣公司的生存挑戰將會愈來愈高。

第3章
浩浩親恩

「浩浩湯湯」四字，首見於宋朝范仲淹〈岳陽樓記〉：「予觀夫巴陵勝狀，在洞庭一湖。銜遠山，吞長江，浩浩湯湯，橫無際涯。朝暉夕陰，氣象萬千。」是用來形容水勢之磅礴廣大。我曾經搭乘江輪經過此地，見氣勢果然驚人，與郵輪航行於大海中不同。我以浩浩二字形容父母恩德的廣大深遠。在〈成長〉一章中提到民國三十九年底我們一家五口在台灣立足，展開新生活。本章將敘述父母在台灣的下半生。

時運不濟，命途多舛

父親在廈門、金門時任團軍需主任，負責全團官兵槍械、彈藥、被服、糧襪、薪餉等一切後勤供應及支援的全盤工作，異常操勞。曾經聽父親說過，金門當年的生活條件極差，糧食只有糙米飯、蘿蔔乾及花生，住在坑道裡又濕又冷。戰事結束返台後，發現已感染嚴重的肺結核。當年肺結核病沒有特效藥，只能靠多休息及補充營養。記憶中，母親每天清早要走到敦化北路與南京東路交叉口的福樂牛奶場去買新鮮牛奶，然後煮沸了給父親喝。因為身體不勝負荷重任，父親在民國四十五年就退伍，再抱病謀得一雇員職，以微薄的收入，養活一家五口。當年退伍沒有終身俸，微薄的退伍金轉投資失敗，可說是「屋漏偏逢連夜雨」。

記得父親的第一份雇員工作是在「國軍體育幹部訓練班」，上班地點就在現今台北小巨蛋旁的市立體育場，小學時曾經在那看見後來的世運十項銀牌得主楊傳廣在練習。後來國軍體育幹部訓練班被裁撤，父親於民國五十八年經過去部隊長官的介紹到台北縣淡水的國防部情報學校，擔任主計室雇員。從敦化北路至淡水上下班必須搭乘敞蓬十輪大卡車式交通車，無法阻擋風雨，因此父親一年到頭都是穿著舊式雨衣乘車，以少受點風吹雨打。當時他的肺結核已鈣化，肺功能嚴重受損。據父親後來談起，冬天上班途中受到寒風吹襲，到了辦公室總是猛咳不止，有時長達一小時，才能平復下來開始工作，晚上也睡不好。就這樣拖了三年，終於感動他的主管，主動幫忙在國防部主計局安排一個同職等的雇員職務，此後父親的厄運才解除。民國六十二年八月我出國留學。農曆年前接到父親的家書說今年冬天身體狀況不錯，還可以幫母親灌香腸、醃臘肉。

父親在六十五歲那年退休。因為健康問題是他一生最大的困擾，於是著手中醫中藥的鑽研。其實父母親受外祖父經營中藥鋪的影響，對中藥有一些認識。母親在出嫁前幫外祖父抓藥、我們小時候感冒咳嗽等小病就是服用父親開處方的中藥。現今我也保存父親特意留給我的六帖居家中藥方，算是父親「遺產」的一部分。據大哥說，父親在研習中醫書籍有點心得後，先求診台北數位名醫，印證自己體會的正誤，以及醫師用藥的原則後，開始給自己診斷、開處方，為自己治病、調養，晚年的健康情況已無大礙。

民國七十二年父親身體情況轉好以後，與母親到美國來探望我和儀光。那時候反而是母親身體不好，脊椎側彎的毛病擠壓到神經，造成坐骨神經疼痛。父親來美國時帶有針藥，每隔一天就替母親打一針（父親會打針，我們兄妹小時候都被打過）。同時我帶他們在聖荷西市附近尋找物理治療器材，很高興找到全套設備，包括護腰、平躺的小床、垂掛重物的勾環等。這時父親節儉的美德就顯現了。他只要買護腰，其他配件都自己「拼湊」。我當時堅持不同意，對他說：「你這是土法煉鋼。我是幫媽媽

◀▼ 與父母同遊舊金山金門大橋、卡麥爾、17英里海岸風景區，1982年10月。

治病，貴一點我不在乎！」所謂「有其子必有其父」，他比我還要堅持。眼見他的氣喘病就要發作，我只好讓步。後來母親的物理治療是這樣做的：平躺在床上，腰上綁著護腰，底端連著兩條繩子，繩子的另一端垂掛著路邊撿回來的磚塊，利用重力拉開腰椎骨節，以減少壓力。

父親在美國住了兩個月，覺得太無聊，就回台灣。母親沒有針藥打，腰又開始痛起來。去看了醫師，開了賀爾蒙的藥，但不見功效。我突然靈機一動，仔細閱讀針藥英文藥方，發現成分只是維他命Ｂ12，於是買了高劑量的Ｂ12給母親口服。幾天後，腰總算不痛了，還跟媳婦一起去逛街。母親後來又多待了一個月才回台灣。父母在舊金山灣區時，我們週末都帶他們去附近的風景名勝區遊覽留影。有個週日，我們去有名的卡麥爾、十七英里海岸區遊玩。母親做了滷肉、滷蛋、滷豆干，四人坐在海邊的野餐桌上午餐。藍天白雲，清風徐來，第一次感覺父母親可以放輕鬆享清福了。我有感而發突然問道：「爸，你以前有沒有想過，有一天會來美國玩？」父親搖了搖頭，輕聲嘆了口氣。這嘆氣代表了千言萬語。他一生坎坷，如同唐朝王勃〈滕王閣序〉形容的「時運不濟，命途多舛。」

父親在台灣前四十年的生活除了貧病交迫外，精神上也是苦悶無比，這是因為兩岸阻絕，音訊不通，不知祖父母、外祖父母、叔父、姑姑等親人的狀況。早些年還假設他們都健在，等看到中國大陸各種動亂及運動，如「三反五反」、「人民公社」、「大躍進」等等，以常理判斷他們還活著的機率應該很低，才開始在農曆七月十五（中元節）給祖先燒冥包紀念。民國七十三年，政府推動兩岸開放政策，准許當初跟隨政府來台的退伍軍人及民眾返回大陸探親。父親終於在民國七十八年回到暌違五十餘年的老家，和羈留大陸的兒孫、族戚及朋友團聚。

在此簡單敘述我祖父胡鑑堂的生平。祖父出生於清朝光緒庚辰年，據大哥回憶錄記載，祖父幼聰穎，曾入私塾，通文墨。成年後先娶祖母周氏，因無子女，續娶祖母李氏，生了二子一女，即父親其銘、叔父其德及姑姑其貞三人。祖父知努力上進，胼手胝足，勤於農事，且富創業精神，協助父母由佃農而自耕農而地主。據大哥記載，擁良田百畝，且在鎮上經營米店。尤以兒子年輕即有成就為鄉里稱羨。

民國三十八年政局丕變，山河易色，祖父被列為地主剝削階級，是黑五類的第一類。加上父親是國民政府軍官，罪加一等，橫遭清算鬥爭。最後好像是在「大躍進」運動中餓死的，享年六十歲。我的叔父胡其德則是英年早逝。

父親藉著這次美國行和四川老家的親友聯絡上了。在走完人生旅途之前，父親又計畫及完成了五件大事：（一）為祖先修墓，（二）為胡氏宗族修宗譜，（三）為雙河小學修建教室，（四）為子孫準備「遺產」，（五）為家鄉設置獎學金。

一、父親返鄉的第一件大事就是重修祖父、祖母、曾祖父母及叔父的塋墓。

二、中華民族一向重視倫理道德，特別重視家族及宗族觀念，講究孝道和祭祀祖先。父親返鄉之旅也拜謁了族中長老胡江淮先生。論輩分，父親尊稱胡江淮先生為叔；論年紀，父親較長。父親當時曾對胡江淮先生說：「我們客居異鄉，思念故鄉的心念，隨著年紀日增而日甚一日。我們的子孫對宗族、祖先的觀念，卻都逐漸淡薄了。為拯救此一缺失現象，進而增進族眾明瞭宗族關係，強化族眾向心力，知道我胡氏在中華民族的族系中，占有重要的一席之地。尋得宗譜，修編宗譜已勢在必行。」胡江淮先生對父親這番飲水思源，不忘祖德的情操所感動，當下應允參與這項工作。根據胡江淮先生在續修宗譜前言說道：「據我所知《胡氏宗譜》現只有其潢侄祚堂家中尚有存本，於是不辭辛勞，和其銘一道徒步竟日，前去葫蘆磅，取回老譜六卷——清道光九年，即一八二九年編印的；新譜九卷——清宣統元年，即一九〇九年編印的，前後相距八十年。現在其銘又倡導續修宗譜，這和新譜編印的時間又不多不少，正好也相距八十年，事情就更為巧合，有了這一巧合，就更增強完成這項巨大工程的決心和信心。」

修譜工作進行後，父親返台。在續修過程中，每遇重大問題，則透過書信或電話交換意見（當時尚無 e-mail）。以前的舊譜紙質粗糙薄劣，浸蝕、蟲蛀，損毀現象嚴重，部分頁碼散失不全。遇有缺卷、缺頁引起的前後不銜接之處，則對照新、舊譜互為補充，反覆求證，力求完整。而在此八十年中，子孫繁衍情形有很大變化。族人開枝散葉，分布遍及全國，甚至海外。有的對自己父母生歿日期不知道，有的對自己曾祖父母、祖父母的名字都不清楚，的確是個大工程，而父親當時發心起意和對胡氏宗親的使命感及責任心，實在令後輩子孫肅然起敬。

當胡江淮先生將修訂完成的譜稿寄來台北，見有數十萬字的厚重頁數時，真讓父親嚇了一跳，因為印刷費用高達二十餘萬元。所謂無巧不成書，此時大哥恰好有一筆意外的收入，解了父親燃眉之急。

話說當年大哥從軍時，政府為了鼓舞士氣，訂有戰士授田條例。規定凡服役軍中若干年，將來光復大陸時，可獲授田若干面積以符「解甲歸田」之意。此後政府整軍經武年復一年，而光復大陸卻遙遙無期。政府不能失信於「軍」，在無力反攻大陸，決定全力建設台灣後，於是以發放代金方式，換回已發出的授田憑證。以當時大哥

▲父親返鄉對鄉親說話，桌上紅皮書是《胡氏宗譜》。

的年資計算，他共領得二十三萬元，恰好用來支付印刷費。記得父親印了上百本，分贈各地胡氏族人。我當然也收到一本紅色封皮、厚重的宗譜。有趣的是沒多久，小兒延彬（正在美國唸小學）有門課的老師要求每個學生用自己祖先和家人的名字繪製一株「家族樹」。這本宗譜剛好派上用場，我們可以清楚找到上溯二十餘代的祖先全名。

根據宗譜記載，我們的遠祖是帝舜之後，傳至虞閼父，周初為陶正，周武王時封其子虞滿於陳（今河南淮陽），以奉祀舜，死謚胡公，號胡公滿。其後人子孫以謚為姓。胡氏發源於今河南淮陽一帶，子孫逐漸向各地播遷。三國時，魏陽陵亭侯胡質，子平春侯胡威，卒於今山西安定。到了隋初，胡氏為安定大族，胡氏另一支在今河南新蔡繁衍，也成為大族，因此胡氏有新蔡、安定兩個堂號。這段記載與台灣省文獻委員會編印《台灣區姓氏堂號考》一書，有關胡氏堂號記載完全吻合。所以台灣胡姓與本族同出一脈，毫無疑義。

三、父親二十四歲那年，參加中央政府舉辦的地方自治訓練後，獲政府拔擢出任雙河小學校長，父親就任僅年餘，即出任雙河鎮鎮長。他對雙河小學有著一份濃厚的情感與關懷。當他返鄉見到雙河小學仍是當年殘破的景象時，心中感慨萬千，當下即提議重建雙河小學校舍。當他回到台北後，遂寫了一封言辭懇切的信，函請在台校友慷慨樂捐，半年內募得二十餘萬元台幣（約四萬元人民幣）。後來營山縣政府文化局決定擴大整建範圍，總共花費三十萬人民幣。可以說是台灣鄉親的關心、善意給了當地政府無形的壓力而促成此事。民國八十三年，父親第二次返鄉探親，大哥作陪。看到重建及新建的六間鋼筋水泥教室已落成啟用，非常高興。

四、父親寫得一手漂亮的毛筆字。不論大中小楷都端莊敦厚。我有三位擅長書法的朋友，在看了父親的墨寶後都推崇書法中流露的風骨、氣質和品格。大哥也回憶起在初、高中時，父親曾不厭其煩的教他書法，父親說：「字無百日功。」只要專心有世界上萬事萬物一切現象皆是學問，必須敞開胸懷，竭盡智慧，接納它、觀察它、研究它、分析它，以窮其理、知其幾。

恆的練習，百日之內就可以將字寫好。但是父親從未教我寫字，我想是因為他身體不好，沒有精力督促我了。

約在民國七十九年下半年，父親花了許多工夫書寫一些文件，準備留傳給子孫參考，這就是他給我們最珍貴的「遺產」。首先，他將我從出生到就業的經過濃縮在〈傳家之典：胡國強博士奮鬥歷程〉一文中（請見附錄一）。世上兒孫輩為父祖輩寫傳記是常有之事，鮮有父親替兒子寫前傳的。完成時，父親讓我先讀，並問我有無意見。我回答：「老太爺好像把我寫得太好了。」我們兄妹從小都很怕父親，尤其他因身體不好，總是擺著一張嚴肅沉重的臉，令小孩不敢靠近。直到我四十幾歲，才覺得可以和他平起平坐說話。

父親又將中國古今聖賢的名言書寫編輯在〈嘉言集〉中（請見附錄二），並贈送每個小孩「朱子治家格言」、「文天祥正氣歌」、「座右銘」等墨寶。我們都將這些字或裱或框放在每家的客廳，做為傳家之寶，也是最好的擺設。他特別給我一幅很特別的墨寶，大概覺得對我有啟發性，上頭寫著：「世界上萬事萬物一切現象皆是學問。必須敞開胸懷，竭盡智慧，接納它、觀察它、研究它、分析它，以窮其理、知其幾。」我將這份墨寶裱好，掛在我聯電辦公室的牆上。我在本書末附加多幅父親的墨寶，請大家欣賞他的書法（見附錄三）。

民國八十三年十二月十日父親去迪化街買年貨，回家時看見公車來了，跑步去趕搭，不幸摔倒，撞到頭部。次年一月二十九日再度跌倒，造成嚴重腦中風，送醫開刀。接到通知後，我立即請假十天回台灣，與大哥在台北榮總每天十二小時輪班照護。當時台灣尚無外勞制度，我們也沒有想過請人照顧，總覺得是為人子責無旁貸的責任。十天假期過了，必須回美工作，大哥只好請看護分勞。就這樣，父親在榮總住了三個月。因為父親是榮民，除了伙食費，幾乎無其他花費。返家後開始復健，但是人已無元神，老人癡呆症也發作，有天出門竟找不得回家的路。民國八十五年十月，父親又在家中跌倒，斷了肋骨，他受傷多年的肺也受到感染。醫院建議做氣切，大哥與我聯絡後，我同意，並搭飛機趕回台灣。到達醫院向父親報到：「爸，我是國強，我回來了。」他聽懂了，閉著眼，以含混的聲音回說：「你回來啦。」此後幾天他情況時好時壞，有個下午只有我在床前，看他痛苦的樣子很不忍心，於是和父親說：「爸，你如果太痛苦了，就放心走吧！我會照顧媽媽、哥哥和妹妹。」不知父親聽見了沒。我因為要接任瑟孚科技執行長新職，於是返回美國。十二月十日晨，父親因呼吸衰竭而辭世，享年八十三歲，安葬於台北汐止國軍公墓。

房屋不在堂皇，不漏便好。
衣服不必綾羅，和暖便好。

五、父親生前囑咐設立獎學金，他打算把政府給他的公寓賣了當作經費。可是當時母親還健在，她得有地方住呀！於是由大哥和我出資人民幣十萬元，設立族賢及鄉賢兩個獎學金，用利息獎勵胡氏家族及家鄉品學優良、勤學努力的學生。仍請胡江淮長輩及胡肇周族叔主其事。兩項獎學金前後實施了十二年，共九百一十九名學生獲獎。在鄧小平改革開放政策下，大陸農村生活水平提升了，原來設立獎學金的階段性任務已達成，於是停止發放。

我四十幾歲有一年回台灣出差。回家探望父母親時，突然注意到父親床頭牆上貼了三句話：「富貴禍之始也，才能身之災也，聲名謗之媒也。」正當我一句一句唸讀時，母親經過，以近乎挖苦的語氣說道：「不知道他寫這些做什麼？他什麼都沒有。」現今我終於懂了。他出生在地主家庭，年紀輕輕的就做過校長、鎮長，以現今的話語來形容，正是一位前途似錦的青年才俊，可是命運之神將他所擁有的都奪走了。到台灣後又罹患肺結核病，壯志雄心也被消磨殆盡。他心有未甘，難免回憶起過往，因此在床頭貼了這些話，提醒自己忘記過去的繁華。然而他仍然記得與繁華有關的責任，於是利用餘年（七十至八十歲，共十年）、餘力做了五件他覺得該做的事。了不起，我的父親！

相夫、教子、興家

父親對我的人生觀、價值觀的形成，影響可謂深遠，而母親對我們家的犧牲奉獻更是難以言喻。母親身高大約只有一百五十公分，正式的學校教育只唸到小學三年級。但她認得許多字，能夠讀報。記憶裡我年幼時她曾抓住我的手教我寫字。她的花鳥畫得很好，有回小學的勞作作業就是母親幫我畫的梅花。現在回想起來，老師一看就知道不是我畫的。小時候最喜歡聽母親說故事，如「四郎探母」、「甘露寺招親」、「岳母刺字」等忠孝節義的故事，聽得津津有味。從沒有問她，這些故事是打哪聽來的，也許是外婆告訴她的，也許是說書者說的，或京戲裡聽來的，但在那窮鄉僻壤裡有多少機會聽戲呀？幾千年的中華文化自有它獨特的傳承方法。

眷村裡的小孩湊在一塊時難免發生口角、打架。我雖然塊頭小，但個性強、不服輸，打架是被揍的多，打贏的少，可說是「屢敗屢戰」。每次哭著回家惹得忙碌的母親又心痛又生氣，常常生氣之下又打了我一頓。到了晚上，等她的心情和我的情緒都平復之後，再來跟我講道理。我們家以前有個洗澡用的圓形鋁盆，每次洗澡時間就是「胡母教子」的時間，那時我不懂事，效果有限。記得以前跟鄰居小孩玩野了，到飲食不在珍饈，一飽便好。
妻妾不在貌美，賢德便好。

了吃飯時間還不回家，母親總得來叫我，通常她會拿著一根「響篙」（竹子一端劈成條狀，打在地上發出夸夸聲，趕鴨回家用的）邊敲邊叫：「胡國強你還不回家？吃飯囉！」我才依依不捨的抓起圓牌或彈珠飛奔回去。通常在飯前或就寢前，母親是不打我的，免得影響食欲及睡眠。我是初中聯考失敗以後才開竅變乖的。

母親為了避免我們小孩被結核病傳染，從小我們家吃飯就是「公筷母匙」，而且碗筷都要用開水煮過。這麼多年來，我們三兄妹都很健康。而妹妹家到現今仍保存著用開水煮碗筷的習慣。

俗話說「巧婦難為無米之炊」，軍眷有配給米，但是沒有足夠的錢買菜，每家都要各顯神通。我們家對面的黃伯伯家人口多，他們在前院養豬。黃伯伯身體好，承擔一切粗活，黃媽媽則踩縫紉機替別人縫製衣服。現在回想鄰居們都非常體諒，沒有人抱怨豬糞的臭味！我們的眷舍是一戶緊鄰一戶的，每戶的寬度只有四米。我們家在後院飼養家禽，雞、鴨、鵝、火雞都養過。小雞、小鴨都關在籠子裡，父親去街上配飼料來餵牠們，我和妹妹也要負責餵飼料和清理糞便。能夠捧著小雞、小鴨玩，非常開心，清理糞便也是心甘情願的，所幸當年從未碰過雞瘟。只是冬天寒流來時，要替小雞、小鴨裝電燈泡取暖。雞、鴨長大了就放養在外，天黑前再趕回家，好像從來都沒有發生「偷雞摸鴨」的事。雞、鴨蛋是給父親補充營養的，小孩過生日時也可以吃顆蛋。過年時，雞鴨拿去市場賣了，換菜錢，當然也會留幾隻過年時加菜。我還記得有回母親將一隻雞綁在一根木棒上，命我和妹妹扛著去菜市場，等賣了雞，犒賞一人一碗甜豆漿，我們就心滿意足了。記憶裡火雞是賣給外國人家（後來知道是為了感恩節）而且價錢好。火雞會學人咯咯叫，火雞蛋和鵝蛋很大。火雞和鵝都有地域觀念很會看門，小朋友經過我家門口，有時會被火雞或鵝啄著跑，有的還被嚇哭上門告狀：「胡媽媽，你們家的火雞（鵝）咬我。」母親於是給顆糖，安撫一下。現今回憶，仍覺有趣。

父母親出生農家，是不吃牛肉的。但母親為了提供我們均衡的營養，每隔一段日子總要買塊牛肉給我們加菜。現今還記得母親拿手的一道菜：牛肉切絲炒雪裡紅，再加點豆干、紅辣椒，非常下飯。父母親都很會做菜，可以把普通食材料理得美味可口。父母刻苦自勵，但從不苦孩子，以帶便當為例，我的便當既好吃又好看，打開便當蓋，可見一大塊豬排。其實是母親拿菜刀把豬排拍得又薄又大，炸將下來甚是好吃，我也不會羨慕鄰座同學便當盒裡的雞腿、滷蛋、魚排了。

那個年代居家幾乎沒有電器。家庭主婦甚是忙碌，每天早上要去傳統市場買菜，

教育子女像母雞孵小雞一樣，
要將你的熱力傳送到子女的身上，
子女才會感受到父母對他的愛。

回到家馬上就要處理魚肉、烹煮，以免腐壞。煮飯炒菜用煤球爐，沒有電鍋。用手洗衣服，沒聽過用洗衣機或送洗衣店的。每晚餐畢，母親先清理廚房，洗濯碗筷，然後坐在我身旁，陪我做功課，自己則拿起針線縫補衣襪。直到我做完功課，母親才去漱洗就寢。記得母親教導我們的一句名言：「教育子女要像母雞孵小雞一樣，要將你的熱力傳送到子女身上，子女才會感受到父母對他的愛。」

母親曾告訴我，父親當雇員的月薪只夠二十幾天的家用，但她從不抱怨。侍奉父親湯藥，撫育三個子女。我們家雖然家具陳舊，床單被褥簡樸，但都打整得井然有序。母親雖然歷經諸多折磨，卻始終樂觀幽默，也帶動全家的士氣。約在高中時期，成衣外銷生意興盛，母親找到商家，替他們縫製盤釦，一副一、兩毛錢，經常縫製到深更半夜才休息，一星期賺得三、五十元，星期天就買魚買肉給我們加菜。有一陣子，父親的氣喘病發作，不能上班，也加入縫盤釦的行列。至今我仍然清晰記得他們在客廳做手工的畫面，因為我的書桌也在客廳。

父母親的結合是傳統的「父母之命，媒妁之言」，他們對彼此的感情非常含蓄，如同大多數老一代的夫妻，總是男主外、女主內。從小到大我只看過一次他們因為不同的意見而起爭執。妹妹不會唸書，初中畢業時父親主張她去學裁縫，培養一技之長，母親堅持妹妹應該唸高中，因為自己書唸太少，後來是母親的眼淚贏了，妹妹去讀育達商職。

父親的棺木下葬時，母親在旁哭道：「老先生你就要走啦？我們是六十年的夫妻呀！」問世間情為何物？直教人生死相許！結褵六十載，患難大半生！

自從父親去世後，母親就獨自生活。妹妹和她兩個女兒有時去同住陪伴，我則每週固定時間從美國打電話回家請安。後來大哥公寓對門鄰居搬走，房子出租，大哥馬上租下，請母親搬去住，從此大哥可以就近照顧。二〇〇三年我回台灣聯電工作，當年夏天，有天母親午睡醒來入廁時跌了一跤，造成大腿骨折，雖然打鋼釘接合，但精神、體力就差多了。我與大哥決定雇用一位外勞，最終我們找到一位北越來的范小姐，做事勤快、愛乾淨、脾氣好，也學會燒中國菜，中文聽講都不錯。母親九十歲以後常說她現在無牽無掛，享福了。有個週日，我從新竹回台北看母親，兩人坐在客廳看電視。母親突然問我：「國強，你現在在哪裡工作？」我回答：「在聯華電子當執行長。」她顯然對聯華電子是什麼公司，執行長是什麼職務沒有概念。但她接著問：「公司有多少人？」我答道：「有一萬四千名員工。」她聽懂了，突然在我面前伸出右手，大姆指朝上。我想感謝她的生養教導，但是哽咽得說不出話來。

二〇〇七年初她開始有吞嚥困難的現象，不得不插鼻飼管。不久就出現肺部感染，半年內進出醫院六次。最後一次是送到林口長庚急診室，當時雖有心跳但已經意識不清。翌日（二〇〇七年十月八日）清晨，林口長庚來電說母親已無心跳，我和大哥即刻趕去，見母親遺體，悲從中來，大哭失聲。接著開始辦理喪葬手續。聯電管理部長周衛敏聞訊前來長庚幫忙，非常感謝。約近中午辦妥醫院手續後，我又去誦經室瞻仰母親遺容。當我打開蓋在她身上的黃色往生被時，看到一個驚奇的現象，看見母親面容是粉紅色的，臉上盡是平和安詳，帶著微笑。我是學理工的，無法解釋母親的身體與精神當時處在什麼狀態？聽說佛教有一說法，人在臨終時，意識要脫離身體的時候，會遭受巨大的痛楚，過去的種種猶如電影場景般一幕一幕在眼前播出。據說聽覺是最慢喪失的覺受，如果在臨終者身邊適時予以音聲勸導，可以提醒臨終者放下一切執著，去往善處。透過母親的遺容，讓我了解到，母親真正放下了。

母親晚年曾和我們說她不要被燒、怕痛，我和妹妹還跟她說，人死後是沒有感覺的。父親獻身軍旅超過二十年，得以葬在五指山國軍公墓，當時就替母親在旁預留一墓穴。母親過世前告訴我們，她希望有一口好一點的棺木。我和大哥在台北幾家壽材店挑選了當時能找到最好的棺木，也是她一生入土前用的最貴重的物品，價值台幣五十萬元。

大哥和我各寫了一篇紀念母親的文章，附在訃文中。我們敬告諸親友不收奠儀、花圈、花籃，但是幫忙告別式籌備的聯電同仁告訴我，有許多人希望送花來，所以我改變主意接受大家的好意。告別式莊嚴隆重，感謝師長、長官、同事、鄰居、親友前來。我為母親辦了一場風光的告別式，但她老人家若可以選擇，她絕對不贊同如此鋪張，麻煩眾人的。

大哥從小就跟著母親，經歷過許多困頓的時光。在他的回憶錄裡，有這一段敘述：「我沒有見過觀世音菩薩，但祂的心量讓我體悟到包容、慈悲、犧牲、奉獻的偉大，我也知道，我在人間見到的一位觀世音菩薩的化身，就是我的母親。母親雖也是一個平凡的人，她吃過別人吃不了的苦，受過別人受不了的欺凌，在困苦、艱難的環境中散發出慈母的光和熱，由於她的聰明、堅毅、勇敢、機智、勤勞、儉樸，創造了我們一家人的幸福。由於她的無私奉獻以及善良，老天賜給她九十三歲的高壽，母親可說是福壽雙全了。」

我在大學時曾經默默地對天發誓，有一天我要賺很多錢讓父母親過好日子。後來我做到了，可是他們卻老了，仍然過著習慣的儉樸日子。父親對我的期待只是要我碰到挫折時不要怕，跌倒了能爬起來。父母的恩德我怎麼報答？

手足情深

結束本章前，必須談談我們家的手足之情。我們的家風用「父嚴、母慈、兄友、弟恭」來形容是很恰當的。大哥比我年長十一歲，從小就分擔照顧弟妹的責任。我上高中時有軍訓課，必須把卡其制服熨燙整齊，通常這份工作是大哥代勞的，有一天，他突然叫我跟著學，幾分鐘後，我就學會了，以後我就自己燙衣服。這是大哥教我「如何釣魚」而不只是幫我釣魚的例子，是身為兄長者正確的示範。

在父母的觀念裡，老大就是要照顧幼小，即使弟妹已經長大成人，仍是如此。我四十幾歲時經常從美國回台灣出差，通常飛機一落地就打電話回家報平安，母親一接起電話，第一句話就問：「你吃飯了沒有？到哥哥家來，要嫂嫂給你煮碗麵吃。」他們是很會照顧弟妹的兄嫂。

大哥非常孝順，侍奉父母終老幾乎是他一人的功勞。由於在四川老家沒能受到好的教育，來到台灣後，功課一直是在追趕階段。他小學唸過台北空軍子弟小學，初中唸過東港至公中學，後來插班師大附中，高中唸的也是師大附中。大專聯考沒考好，參加軍校入學考，上了政戰學校新聞系。據他說學校的隊職官和同學都對他照顧有加，在大學裡才開竅。後來他在軍中平面媒體，如《中國的空軍》雜誌社、軍事新聞通訊社、《青年戰士報》做到高階主管職務，都能負責盡職，有始有終。大哥以上校軍階退伍，育有一子二女，六個孫輩，家庭幸福。

妹妹胡台娟只比我小一歲。從小兩人天天鬥嘴，但兄妹感情好。因為我小時候喝克寧奶粉把家裡僅有的儲蓄用完了，妹妹只能喝米漿長大，不太會讀書。後來唸了高商職，沒有考上大學，在公家機關任職雇員直到退休。妹妹嫁了好先生，是位軍官，位階上校，他們育有乖巧的一男二女，父母年邁時也多虧她用心照護。

我在大學時，有一天鄰居許媽媽來家裡串門子，跟母親提起她女兒過二十歲生日，她打了一條金項鍊做為紀念。那年台娟剛好也是二十歲，於是我和哥哥湊錢，合送妹妹一條金項鍊。從小到大，好像這是我送她的唯一禮物。我一直很愧疚大學時期太忙，沒有時間替妹妹補習功課。

分享

第二篇

第4章 半導體經驗分享

全球半導體產業的演變

電晶體（transistor）是一九四七年由貝爾實驗室（Bell Labs）三位科學家夏克利（William Shockley）、巴定（John Bardeen）及布萊頓（Walter Brattain）發明的。世界很快就注意到電晶體應用的重要性。三位發明人於一九五六年就得到了諾貝爾物理獎。這一年第一所矽谷半導體公司夏克利實驗室也成立了。一九五八年德州儀器（Texas Instruments）工程師柯爾比（Jack Kilby）成功地將一個小電路整合在一顆單一晶片上，發明了積體電路（Integrated Circuits）或簡稱ＩＣ。柯爾比後來也獲得二〇〇〇年諾貝爾物理獎。半導體產業在美國蓬勃發展，光是矽谷一地在一九八〇年代就有超過上百家半導體公司，包括英特爾。美國德州也是半導體薈萃之地，有大公司德州儀器、摩托羅拉等。

同時期，日本及歐洲也在迅速、積極地發展半導體產業。日本在記憶體及消費性產品上做得尤其出色。下頁表一是IC Insights 發表的全球前十大半導體公司，在一九九〇年到二〇一五年的營收排名變化（不包括晶圓代工 foundry）。一九九〇年，日本公司在前十大裡占了六家，美國三家，歐洲一家。美國最大的英特爾名列第四，因為英特爾在記憶體ＩＣ上良率比不過日本，被迫放棄而改做微處理器（microprocessor），剛巧碰上個人電腦（Personal Computer, PC）的興起而快速發展。英特爾的微處理器被ＩＢＭ選用，成為ＰＣ的中央處理機ＣＰＵ。所以英特爾在一九九五年登上前十大的榜首，並一路保持第一名至今。一九九五年日本公司在前十大裡只占四家。

韓國在一九八〇年後加入戰場，尤其是在動態記憶體（ＤＲＡＭ）上非常積極。三星電子在二〇〇〇年躍升至第四名，日本持續退步。台灣的半導體此時也加入記憶體競爭的行列。但是台灣缺乏設計知識（know how），只能著墨於產能，獲利自然不佳，經營得很辛苦。三星在二〇〇六年進步到第二名，並持續保持至今。

一九九〇年後，半導體產業鏈產生了明顯變化：無生產工廠設計公司（fabless

表一：全球前10大半導體公司營收*

Rank	1990		1995		2000		2006		2014		2015F
1	NEC	4.8	Intel	13.6	Intel	29.7	Intel	31.6	Intel	51.4	Intel
2	Toshiba	4.8	NEC	12.2	Toshiba	11.0	Samsung	19.7	Samsung	37.8	Samsung
3	Hitachi	3.9	Toshiba	10.6	NEC	10.9	TI	13.7	Qualcomm**	19.3	Qualcomm**
4	Intel	3.7	Hitachi	9.8	Samsung	10.6	Toshiba	10.0	Micron	16.7	SK Hynix
5	Motorola	3.0	Motorola	8.6	TI	9.6	ST	9.9	SK Hynix	16.3	Micron
6	Fujitsu	2.8	Samsung	8.4	Motorola	7.9	Renesas	8.2	TI	12.2	TI
7	Mitsubishi	2.6	TI	7.9	ST	7.9	Hynix	7.4	Toshiba	11.0	NXP/Freescale
8	TI	2.5	IBM	5.7	Hitachi	7.4	Freescale	6.1	Broadoom**	8.4	Toshiba
9	Philips	1.9	Mitsubishi	5.1	Infineon	6.8	NXP	5.9	ST	7.4	Broadoom**
10	Matsushita	1.8	Hyundai	4.4	Philips	6.3	NEC	5.7	Renesas	7.3	ST
Top 10 Total (SB)		31.8		86.3		108.1		118.2		187.7	
Semi Market (SB)		54.3		154		218.6		265.5		354.8	
Top 10% of Total Semi		59%		56%		49%		45%		53%	

Source: IC insights　　*not including foundries　　**fabless

design company）與專注生產的晶圓代工公司（foundry）的搭配興起。其實早在一九八〇年代中期，專門只做設計的無工廠（fabless）公司就在矽谷興起了。我在矽谷工作過的Verticom、S3、SiRF等都是。直到台積電、聯電等台灣公司在一九九〇年起專注在晶圓生產代工後，整個產業的水平分工就變得非常明顯。二〇一四年手機晶片龍頭公司高通（Qualcomm），竟然躍升到前十大的第三名，日本只剩兩家。到二〇一五年，日本只剩東芝一家還在前十名榜上。高通、博通都是無工廠的。三星、海力士、美光及東芝都是記憶體公司。區域、國籍的界限也變得模糊，譬如，歐洲的NXP與美國的Freescale兩家已合併，美光也決定併購台灣的南亞及華亞科。

如果把晶圓代工公司加入比較，下頁表二列出二〇一五年全球二十大半導體公司排名。台灣的台積電以優異的代工表現名列第三，除了高營收成長，它的高獲利更是令業界稱羨。台灣的聯發科晉升到第十三名。下頁表三列出二〇一五年晶圓代工公司的營收表現，請參閱。

日本雖然在設計及製造上節節敗退，在材料及生產設備供應上仍然舉足輕重。二〇一五年日本的材料市占高達五〇%，設備市占也有三五%。因為篇幅有限，對生產設備、材料、設計工具、封裝、測試等子產業的歷史，只好略過不談。

我的職場生涯包括IC設計及晶圓代工，因此對這兩個領域的競爭要素有些體會，「野人獻曝」淺談如下。

晶圓代工的營業模式相對簡單，但是執行起來不容易。先進製程的研發速度是致勝關鍵，往往領先半年就可以搶光大客戶的商機。生產良率提升的速度則是獲利的重要因素；因為製程技術先進、良率好，大客戶（如蘋果）非用不可，產能利用率高、

表二：2015年全球20大半導體公司排名

2015F Rank	2014 Rank	Company	Headquarters	2014 Tot Semi	2015F Tot Semi	2015/2014 % Change	2015F @ 2014 Exch, Rates	2015/2014 % Change
1	1	Intel	U.S.	51,400	50,305	-2%	50,305	-2%
2	2	Samsung	South Korea	37,810	41,606	10%	44,776	18%
3	3	TSMC*	Taiwan	24,975	26,562	6%	27,798	11%
4	6	SK Hynix	South Korea	16,286	16,917	4%	18,206	12%
5	4	Quakomm**	U.S.	19,291	15,632	-19%	15,632	-19%
6	5	Micron	U.S.	16,720	14,816	-11%	14,816	-11%
7	7	TI	U.S.	12,166	12,112	0%	12,112	0%
8	8	Toshiba	Japan	11,040	9,734	-12%	11,143	1%
9	9	Broadcom**	U.S.	8,428	8,421	0%	8,421	0%
10	15	Avago**	singapore	5,644	6,961	23%	6,961	23%
11	13	Infineon (1)	Europe	5,938	6,898	16%	8,245	39%
12	10	ST	Europe	7,384	6,840	-7%	6,840	-7%
13	12	MediaTek**	Taiwan	7,032	6,504	-8%	6,807	-3%
14	17	Sony	Japan	5,292	5,885	11%	6,737	27%
15	14	NXP	Europe	5,647	5,790	3%	5,790	3%
16	11	Renesas	Japan	7,307	5,664	-22%	6,484	-11%
17	20	GlobalFoundries*(2)	U.S.	4,355	4,990	15%	4,990	15%
18	19	Nvidia**	U.S.	4,382	4,628	6%	4,628	6%
19	21	UMC*	Taiwan	4,331	4,474	3%	4,682	8%
20	18	Freescale	U.S.	4,548	4,410	-3%	4,410	-3%
—	—	Top 20 Total	—	259,976	259,149	0%	269,783	4%

*foundry **fabless (1)Includes $1.18 of international Rectifier sales in 2015.
(2)Includes $700M of IBM's semi sales in 2H15.

Source: IC Insights

表三：2015年全球晶圓代工公司營收表現

2015F Rank	2014 Rank	Company	Foundry Type	Location	2013 Sales ($M)	2014 Sales ($M)	2014/2013 Change(%)	2015 Sales ($M)	2015/2014 Change(%)
1	1	TSMC	Pure-Play	Taiwan	19,935	24,975	25%	26,439	6%
2	2	GlobalFoundries*	Pure-Play	U.S.	4,122	4,355	6%	5,019	15%
3	3	UMC	Pure-Play	Taiwan	3,959	4,331	9%	4,464	3%
4	4	Samsoug	IDM	South Korea	3,450	2,590	-25%	2,670	3%
5	5	SMIC	Pure-Play	China	1,962	1,970	0%	2,236	14%
6	6	Powerchip	Pure-Play	Taiwan	1,182	1,291	9%	1,268	-2%
7	7	TowerJazz	Pure-Play	Israel	505	828	64%	961	16%
8	10	Fujitsu	IDM	Japan	440	645	47%	870	35%
9	8	Vanguard	Pure-Play	Taiwan	713	790	11%	736	-7%
10	9	Hua Hong Sornl	Pure-Play	China	585	665	14%	650	-2%
11	11	Dongbu	Pure-Play	South Korea	452	541	20%	593	10%
12	12	SSMC	Pure-Play	Singapore	496	480	-3%	460	-4%
13	15	WIN	Pure-Play	Taiwan	354	327	-8%	379	16%
—	—	Top 13 Total	—	—	38,155	43,788	15%	46,745	7%
—	—	Top 13 Share	—	—	91%	92%	—	93%	—
—	—	Other Foundry	—	—	3,755	3,689	-2%	3,515	-5%
—	—	Total Foundry	—	—	41,910	47,477	13%	50,260	6%

Source: IC Insights, company reports　　*Includes $740 million in 2H15 sales after IBM purchase.

獲利好，就能投資在昂貴的設備及研發，進而能有好的投資報酬。賺的錢可以與員工及投資人分享，更可以投入未來的技術研發，繼續保持領先，這是一個「正循環」的現象。台積電是業界少數幾家做到的公司，和領導人張忠謀董事長過去的專業訓練和人格特質有很大關係。晶圓代工要做得好，一定不能花俏，要一點一滴地累積，要以「恆心」及「毅力」來聚沙成塔。

台灣業界謠傳：台積電為了追趕英特爾在先進製程上的進度，已經實施三班制的研發，每班八小時。英特爾的一班制工程師，每天最多可以做十小時、十二小時，久而久之就會被台積電趕上。當然要做到三班制研發，需要強大的財力支撐，在不影響公司每股獲利的大原則下，能夠增聘工程師才做得到。中國歷史上有個類似的故事。話說漢朝初年國力不強，被北方的游牧民族匈奴持續侵擾，苦無對策，只能委曲求全，採取「和親」政策以圖苟安。到了漢武帝時，國力日盛，終於決定以武力征討匈奴。聽說衛青、霍去病追逐匈奴軍隊時，每名騎兵分配三匹馬，騎一匹，帶兩匹，乘騎累了換一匹，累了再換一匹。匈奴最終被逐出漠北，往西移。這是歷史上有紀錄的故事，重點是國力要強，每名騎兵能分配三匹馬。英特爾可能沒聽過這故事，即使知道，要在矽谷實施三班制研發也會非常昂貴的。

IC設計公司的競爭要素與晶圓代工相同處，在人才素質及勤奮的工作態度等，不同處在運算法（algorithm）及標準的演進。為了確保產品的共容、共通，國際上需要許多標準規格，譬如無線通訊 WiFi 的規格為 802.11，按照規格做出來的產品就可以全球共通、共容，使用者不論到任何國家地區都可使用。標準規格會不斷改進，例如802.11就有a、b、g、n、ac等版本，提供更多功能、更快速度、更省電的應用。手機的標準有2G、3G、4G、5G等也是同樣道理。如何實踐規格做成產品，運算法就很重要了。IC產品最怕標準規格不再演進，所有競爭者做出的產品沒有差異化，屆時價錢、毛利一直掉，變成殺戮紅海。GPS是個好例子，因為GPS衛星系統一直沒有變動，送出的信號規格也沒有改變。雖然GPS接收器設計不易，也有許多專利障礙，但時間久了能設計的公司也多了。一家設計公司成立時，通常專注在某項特定的應用、特定的產品，往往這種專注就是公司成功的主因，等到競爭激烈，公司成長趨緩時，就必須轉換跑道，開發其他產品。但是這是非常不容易的事，因為公司裡的核心專長重疊多、同質性高，要轉換跑道很難，併購是一個不錯的選擇。在後文〈守成不易〉篇幅中有進一步的經驗分享。（請見210頁）

半導體在過去近七十年的演變可說是非常巨大、快速，和其他許多產業，如鋼鐵、紡織、石化等比較，我喜歡用李白〈下江陵〉一詩來形容這項快速的演變：

朝辭白帝彩雲間，千里江陵一日還。
兩岸猿聲啼不住，輕舟已過萬重山。

這些年來，許許多多優秀的人才貢獻於這項產業，許許多多公司在這項產業裡浮沉，我以蘇軾的詞〈念奴嬌〉來抒發內心的感觸，那正是：

大江東去，浪淘盡，千古風流人物……

摩爾定律會一直走下去嗎？

一九六五年，英特爾創辦人之一的戈登．摩爾大膽假設：今後每隔十八個月，半導體製程技術就可以進步，讓每個電晶體所占的平面面積縮小一半。換句話說，如果一顆ＩＣ晶片所占晶片大小不變，可以塞入的電晶體數目就倍增，可以增加許多功能。同時由於電晶體變小，電晶體與電晶體間的距離變短，連接用的金屬也變細變短，使得電子移動的速度變快，好處多多。於是整個半導體的供應鏈上的廠商，如生產設備、設計、設計工具、封裝、測試等都照著摩爾的假設去經營，時間久了，假設就變成了定律，影響深遠。雖然後來十八個月一代的週期放慢到二十四個月，摩爾定律的精神繼續演進。當我剛進入業界時用的製程是六微米（或六千奈米），時為一九七八年。三十七年後的現今（二〇一五年）已經可見一年內業界最新的製程將會縮小到十奈米。十奈米的下一代為七奈米，再下一代為五奈米。線寬愈小，造成的新問題就愈多，譬如漏電現象。當漏電變得很嚴重時，將無法準確地做出模擬模式（simulation model），IC設計就做不下去了。這個問題後來經加州大學柏克萊分校的胡正明教授團隊提出用鰭式場效電晶體（FINFET）代替傳統的金屬氧化場效電晶體（CMOS transistor）得到解決。

另一個問題是用來定義電晶體尺寸的光學設備未能與時俱進，只好用舊的機器多曝光幾次。本來用一層光罩曝光即可，現在得用二、三或四層光罩，因此光罩成本大增。現今必須用到先進製程的公司及應用已屈指可數，例如：智慧手機、高端3D繪圖晶片、現場可編式列陣（FPGA），深度學習所需的人工智慧晶片等高複雜度、高閘數的應用。現今生產類似產品的新創公司幾乎沒有了，因為成本太高（工程師薪資加光罩費用），動輒要二、三千萬美元才能做成一顆產品。加上市場和其他風險，要讓公司上市，需要的資金更高。高到投資人卻步，尤其是在美國、台灣。

假設摩爾定律短期內仍適用，十奈米量產在二〇一六年，七奈米在二〇一八年，五奈米在二〇二〇年。由於克服新問題所需要的時間可能會拉長，整個半導體產業產生很強的危機感，積極在探索下列問題的答案：

一、當領先的半導體公司慢下來時，後面的競爭者不就縮短距離，趕上來了嗎？

二、當摩爾定律放慢或走不下去時，整個半導體產業怎麼辦？

三、屆時哪些公司會存活下來？

我不是危言聳聽，十年之內，這些問題會愈來愈嚴峻，不如提早面對。以下是我的分析及預測：

一、如果把半導體的競賽比喻是一場賽跑，它從來就不是在操場上繞圈子的賽跑，它是一場長途的越野障礙賽。一路上經濟面、市場面、技術面碰到的問題從沒停過。每次碰到障礙未能很快解決，就會拉大與領先者的距離。領先者碰到障礙需要很多的人力及財力來解決，後繼者很可能沒有相當的人力及財力玩下去。現今向前看，障礙會愈來愈具挑戰性。

二、英特爾是半導體的領先者，最關心這個問題。短期內，業界會用３Ｄ的晶體堆疊技術將兩、三顆晶片近距離的連接在一起。此法等同將單位面積內的電晶體數目增多。過去行之有年縮小線寬的做法在七奈米左右，該是走到盡頭了。接下來一定要採用新材料，才能有新的突破。業界基於碳元素的石墨烯（graphene）的研究已經很久了。基本上碳與矽是同一族的元素，碳的穩定性、散熱性都比過去使用的矽更好，是視為代替矽的好材料。但是歷史告訴我們，改換材料是件大事，要進入量產所需的時間也很長。ＩＢＭ是美國另一家積極進行研發的公司，但是ＩＢＭ的生產能力不強，且已併入格羅方德（GlobalFoundries）。研發若無強而有力的生產力作後盾，進度會打折扣的。現在看起來七奈米以下的能見度不高，風險很大。

三星及台積電以往都把自己定位為快速的追隨者。兩家公司也都有財力、人力去競爭，繼續玩下去。二〇一五年整個半導體產業的產值約三千三百億美元，整個產業鏈上的公司多過三千家。當任何一家上市公司營收不能成長，獲利下降，甚至虧損時，股價就會大跌。公司應該早做準備，以免被迫關門。轉型和併購是兩條可行的道路。

三、當一個產業碰到技術瓶頸時，最常發生的事情就是合併，大併小，併了以後再去蕪存菁。二〇一五年就有多項大型國際併購案，金額動輒數十億、上百億美元。

有技術但應用市場在萎縮的公司會尋求併購，無技術無差異化又面對萎縮市場的公司就會被淘汰。最近大家談論很多的物聯網（Internet of Things, IOT）應用，不需要最先進的數位製程技術，減少耗電是最優先的考量，感應器的優劣是個重點。八吋晶圓的需求量會增加，但是物聯網還看不到殺手級應用（Killer Applications），需要時間將有必要的「物」優先聯結起來。在企業界有個觀念叫「必備品」（must have）和「有也不錯」（nice to have）的產品。當一個新產品剛問世時，因為功能不完整或價格昂貴，許多人會覺得可有可無，早期的GPS即是如此。等到價格合理了，功能齊備了，每人都想買一個，就流行起來。現今的智慧手機就是必備品最好的例子。

我的預測：今後幾年併購會持續進行。除了大公司外，中小公司一定要有足夠的差異化才足以存活。例如，最近看到一些新創公司整合半導體技術及基因技術，進行疾病探測的應用，潛力很大，但是用的是半導體成熟製程。

當半導體先進製程走不動時，影響很大的是計算能量（Computing Power）。我們現今使用的電腦架構（computer architecture）是基於一九四五年馮・諾伊曼（John Von Neumann）定義的。在此架構內有一計算單位，有一記憶體單位，有一控制單位，另外有輸入及輸出單位。每一單位都由半導體元件來執行，因此若半導體不能改進速度時，計算能量就停滯不前了。從實際應用來說這是很嚴重的問題。像許多大數據的應用，如情境分析、無人駕駛車、氣象預測、人工智慧等等，都有許多變數必須處理，需要的計算能量非常大。最近聽到一項非常有前瞻性的創新技術——量子計算，可能是我們的希望。

半導體的基本元素是電晶體，用以表達0與1的邏輯。電晶體有三個端子：drain、source及gate。當gate的厚度薄到一個原子時就是物理極限了。量子計算的基本元素是電子、離子或光子，電子除了能單獨表示0與1外，也可同時表示部分0與部分1。電子比電晶體小許多，組合變化多許多。量子計算的速度比現今的電腦快千萬倍，有朝一日量子計算可行時，人類的計算能量會大幅度提升。但根據科學家的估計，我們也許還要等二十年。

為什麼要懼怕紅潮？

比較現今中國大陸與台灣的半導體產業，就整體競爭力來說，台灣是領先的，尤其是晶圓製造方面，上海的中芯國際比台積電落後至少兩個世代。中國大陸需要用到先進製程的公司如展訊、海思（華為）等，一定要採用台積電的製程。

ＩＣ設計公司整體的營收，工程師的素質、人數，台灣仍然領先。累積的經驗、智財及專利等也優於中國大陸。不過中國大陸在快速追趕中。尤其在工程師素質上，台灣的優秀理工學生多以電機、電腦為第一志願。台大、成大、清大、交大的畢業生是台灣半導體產業的骨幹。可是中國大陸的優秀理工大學更多：清華、交大、浙大、復旦、中國科大、哈爾濱工大等等。台灣設計公司在人才供給不足的情況下，早就登陸去成立設計中心了。中國大陸是個大市場，又同文同種，做生意很方便。其他國家都去逐鹿這個大市場，台灣公司能不去嗎？

中國大陸現在有個最大的競爭利基——訂定自己的標準規格。以無線通訊來說，歐美使用ＷＣＤＭＡ。高通是當初ＣＤＭＡ的發明者，有許多專利避不掉，每年收到的權利金占公司營收的三〇％以上。中國大陸在３Ｇ階段，成功地訂定了ＴＤＳＣＤＭＡ。台灣的設計公司若要去大陸競爭，自然要認真看待這些因素。台灣政府在制定政策時，自然也要認真考慮這些因素，不能設限太多，剝奪了台灣公司的競爭優勢。

最近中國大陸的紫光集團高調地要購買台灣的半導體公司，造成台灣社會不少爭議與討論。當然最主要的原因是紫光集團是中國公司，有其政治敏感度。台灣一般的反應是擔心被對台灣有敵意的中國政府蓄意收購，掏空台灣的高科技。換成是其他國家的公司，就沒有這些恐懼與疑慮了。前一陣子，美國的記憶體公司美光要購買南亞科所持有二四%華亞科的股份，並將華亞科全面下市。消息傳出後，台灣社會一片平靜；不懂記憶體的人不緊張，因為這是美國公司，對台灣沒有敵意；懂記憶體的人不擔心，因為台灣只有記憶體產能，沒有技術不必擔心。

再說白一點，現今如果是英特爾來併購台灣公司，台灣社會人士不但不會緊張，反而會感到驕傲，會當成是一件喜事。其實併購成不成也要看當事人的意願，如同男女嫁娶，要情投意合才成。關於中國大陸公司併購台灣公司，只要認清以下幾點就不必恐慌了。

一、每個國家都會扶植其策略產業。中國大陸政府扶植、補助其半導體產業是常態，台灣的半導體之所以有現今成果也是政府補助的。

二、中國大陸每年購買積體電路晶片的支出比購買石油還多，因此用廣大的市場為誘餌，規定供應商必須用中國大陸製造的產品，以增加晶片的自製率。這是台積電不得不去中國大陸設廠的苦衷。否則假以時日，台積電的客戶只好減少在台灣下單。

聽起來不公平，可是每個政府為了保護自己的產業、發展自己的產業都會這樣做的。台灣政府也應該做同樣的事，只是台灣的市場比起美國和中國大陸是小太多了，做了也無效。許多人都忘記當初美國政府為了反傾銷、反侵權對台灣祭出三〇一法案，逼得台灣公司重視智慧財產，提升技術。

三、台灣短期內可用法令來限制中國大陸公司併購台灣公司（例如ＩＣ設計公司或晶圓廠），但是應該允許中國大陸資金有條件參股，關鍵是主導權要守得住。如此設計公司可以在中國大陸競爭，不會失去廣大的商機。長期而言，台灣公司還必須增強自己的競爭力，而且動作要快。否則如前所述，當整個半導體產業愈走愈辛苦時，再來轉型或合併就遲了。對台灣公司到中國大陸設廠或設計中心，當然也可以設限，而且以前就在做了。重點是不能剝奪台灣公司在世界各地的競爭機會。

四、對智慧財產的保護，其實不必太擔心，因為每家公司都在進行。尤其像台積電這樣規模的公司，會盡其最大的努力保護自己的技術和智財。

整個台灣半導體產業，只有少數幾家能很從容地應付全球的競爭，其他都要趕緊努力、加油！

如何再造台灣高科技的輝煌？

當年我們大學畢業時，台灣沒有高科技產業，也幾乎沒有研究所，因此九〇％學理工的都放洋出國，尤其是去美國。這些留學生學成後或進入學術界，或進入產業界，有成就的比比皆是。台灣高科技產業起飛後，許多有經驗的教授、工程師、科學家都回歸了，道理很簡單，在自己家鄉做事有歸屬感，也不會被歧視。但是曾幾何時，留學潮斷了、停了。原因也很簡單，因為在台灣找工作容易，待遇也很好。以兩個台大電機系畢業生來說，一個去美國名校讀碩士，兩年下來要花家裡三百萬台幣，一個去台積電工作，兩年下來薪水加紅利可賺到三百萬元。一來一回相差六百萬元。反正讀書的目的是找工作賺錢，既然可以在台灣找到工作，又何必出國唸書呢？何況還要吃苦、講英文等等。我曾和一位台積電高階主管聊天，他說他兒子也不想出國，還笑說台積電對這個現象要負點責任。當然如果全球半導體繼續成長，台灣半導體產業繼續成長，這個現象也還好。可是當半導體成長趨緩，業界開始整併時，就要想解決方案了。這和留學生有關嗎？我的淺見是肯定的。

當初台灣在扶植半導體產業後就沒有策略性的扶植其他產業。譬如在互聯網軟體上，台灣幾乎完全缺席，以至於在社群媒體（social media）、移動通訊應用（mobile applications）上缺席。當初在矽谷，ＩＣ二字除了表示積體電路外，也是印度人與中國人的縮寫；那些年所說的中國人都是台灣留學生。中國及印度工程師表現優異，成為矽谷高科技的骨幹，受到業界的重視。現今矽谷年輕的中國工程師多是中國大陸留學生，學半導體的少，學網路軟體的多。因為中國大陸的網路市場大，大公司也多，如百度、騰訊、阿里巴巴等。許多人在矽谷大公司（谷歌、臉書、推特等）累積幾年經驗後，就回中國大陸工作，有些也做到高階主管。在矽谷現在是印度工程師當道，成為高階主管了。

個人的淺見是，台灣現今應該大量派公費生出國，鎖定一些有前瞻性的領域培植人才，譬如軟體、生物科技、材料、量子計算等等。把眼光放在五年、十年，甚至二十年以後，等到這些領域商機成熟時，台灣已有骨幹領導人才，可以幫助政府或私人公司進入商品化，同時也不必擔心有些畢業生留在外國做事不回來。因為他們會在海外累積經驗，有一天台灣有機會時，他們自然而然就會回來的。這個現象已經在半導體界發生過了。我也希望經濟能力佳的父母鼓勵子女自費出國，家境不好的學生則努力申請獎學金，如同當年我們一樣。

留學國家仍以美國為第一優先。美國的科技實力遠遠超過世界上其他國家。前不久，歐巴馬總統在國情咨文報告中提到美國的軍事預算全球第一，比第二名至第八名加總還多。美國二〇一五年的全國研發總預算是一千三百五十四億美元，其中六百九十五億是國防預算，六百五十九億是非國防預算，其中三百零二億是用在改善美國人的健康。美國國力之強大可見一斑。進行研發要經費，有錢才好辦事。

還有一點很重要的是，高科技政策要能延續，不能因為政黨輪替就砍掉重要科技計畫。前不久，我有機會與台大電機學長、學弟探討台灣高科技的過去與未來，大家都一致認為台灣花了太多不必要的時間及精力在兩岸關係上。台灣現今的高科技成就是蔣經國時代的政策決定，後來的三任總統都沒有作為。這些學長、學弟有本省人，也有外省人後代。他們有一個共同點——都是在美國唸過書、做過事的。他們都希望台灣再創高科技的輝煌年代。

創業維艱

回顧我職場上經歷過的公司，聯華電子是大公司，當年員工有一萬四千人。Zilog 是中型ＩＤＭ，約幾千人。其他幾家如 Verticom、S3、SiRF、IC Ensemble 及

T / M	N	E
N	SiRF Verticom	early smart phone
E	S3 ICE	NEM

NEM都是從新創公司開始的。這其中有成功的，也有失敗的。我分析如下，給年輕的創業家及計畫創業的年輕人參考。

上圖是技術（以T表示）與市場應用（以M表示）的組合圖，N代表新的（New），E代表既有的（Existing）。

我把經歷過的公司經驗放在框框裡來解說。

左上角：市場應用是新的，技術也是新開發的，SiRF（瑟孚）的GPS即是如此。GPS當初是為了軍事用途而定義、建立的。如果要用在車輛、手機裡，就要把定位的硬體和軟體做得小、精確及便宜。顯然這個過程就一定會很長（八年），需要的資金很多（八千萬美元），和客戶共同開發應用，以及克服競爭者的挑戰（如前述Trimble 專利訴訟）等等。了解這些特性後，就會有心理準備，對管理員工、面對投資人都能從容些，給自己的心理壓力也會少些。瑟孚是第一家做GPS晶片組成功上市的公司，市值曾經超過十億美元，回收也可觀。感覺最好的是我們的願景成真，GPS真的進入了智慧手機，開發出許多有益、有用的應用。Verticom 的產品也屬於這個象限。我們想要用繪圖終端機把文字及畫面傳送到遠方做為商業用途。公司也上市，算是小成，前後花了六年。不過我們的產品後來被PC和互聯網取代了。

左下角：市場應用是現有的，技術和產品是新的。因為少了開發市場的風險，如果能夠克服技術障礙，很快把產品做好，回收也會很可觀。S3的確是如此，三年多就上市，市值最高也超過十億美元。當S3做得好時就自然吸引許多競爭者加入。可惜的是當時的進入障礙不高，競爭者增多後，平均售價降低，獲利變小，必須仰賴技術提升、產品更新後才能生存，這是屬於「守成不易」的部分。IC Ensemble 成立的規劃也屬於這個象限，只是公司早早賣了，難下結論。

右上角：技術是現有的，市場應用是新的。我自己沒有經歷過這種狀況，但是觀察到早期的智慧手機適用此象限。當宏達電首先推出智慧手機時，我觀察它的技術都已存在PC裡。創辦人卓火土原來就是設計PC的高手。智慧手機應用是新的，使用族群原來都是打電話的，現在可以傳送 e-mail 及多媒體畫面了。好在這種應用型式的改變不難，應用的普及很快，所以宏達電早期做得很好。當然後來競爭者增多，競爭元素及態勢變得很不一樣，不在此討論範圍。

右下角：技術和應用都是既有的。基本上這是個殺戮戰場——紅海，本來不該進入的。其實我上一家公司新能微電子是計畫在電源電子領域創新的，換句話說我們的目標是上圖的左下角。只是我們花了四年時間在建立基本的電源電子能力，最大的投資人後來變卦不願意再繼續投資，公司就一直處於右下角象限，被迫關閉了。

創業家可用上述方式自我檢驗，早早了解自己的處境，早做因應。年輕人想要創業者更可以運用以上方式衡量自己的斤兩，決定是否要一腳踏入。「創業維艱」眾所皆知，矽谷高科技公司的創業成功率只有十分之一到二十分之一。創辦一家公司，動輒幾年或十幾年才會有一點成果。這期間壓力很大，大到會影響健康、情緒、家庭生活、收入等等。「壯志未酬身先死，常使英雄淚滿襟」的故事還不少。那為什麼還是有那麼多人要創業呢？我想除了想發財的驅動力之外，對新技術、新產品及新應用的願景和熱情，往往是創業家堅持初衷、持續不懈怠的主因。以下和大家談談創業成敗的幾個要素。

充分了解自己的創新點子，
差異化愈大，機會也愈大。

一、**大環境是非常重要的因素**。中國人所說的「勢」指的就是這個要素。一九八〇年代，當PC或IT（Information Technology）產業開始成形時，可以經營的產品非常多，機會非常多，而且市場高速成長，容易賺錢，也容易募資。整個產業像在滾雪球，愈滾愈大，那種感覺真好。現在PC產業的成長趨緩，PC產業鏈上的競爭者增多，產品差異化減少，可以做的新產品也減少了。獲利減少，資金短缺，創業者也少之又少。所以創業要先看大環境，先看時機對不對。

二、**充分了解自己的創新點子是什麼**？是技術？產品？應用？營運模式？現今利用網路很快就可搜尋到是否已有類似的點子，有也沒關係，你的差異化在哪裡？差異化愈大，機會也愈大。

三、**人才是任何公司、產業的資產**。創業夥伴可以是同學、前同事、朋友、親戚等。重點是理念要相同，最好是專業背景的同質性不要太高，能互補最好。華人在矽谷創業以往有個現象——都是工程師背景。其實市場行銷的經驗對公司定位、產品定位及定義都很重要。當然創業成員彼此的了解、默契都是需要的。

四、**資金當然不可或缺**。通常創新的點子好、差異化大，就容易募資。創業夥伴自己應該出資以宣誓自己的承諾。至於創業團隊出資與募資的比例，則無規則可循，每家公司不同。現金流量是公司開始營運後要密切注意的。人事成本通常是營運成本的大宗，每增加一個員工都要謹慎又謹慎。如果可能，用非全工時員工或顧問是不錯的辦法。如果所需資金金額大，應該分散投資人數目，切忌只有一家大股東。瑟孚前後募資八千萬美元，投資人多為公司或風險資金，共計三、四十家。而且增資最好趁早，免得壓力太大。

五、專利是保護創新產品、技術的重要盾牌。但申請專利耗時耗錢，宜謹慎為之。這其中學問不小，可以寫一本書。

六、創業家多是「無可救藥的樂觀主義者」，但是**創業必定辛苦，且必須走長遠的路。建議大家建立良好的生活、飲食及運動習慣。**

以上的創業經驗分享是基於高科技半導體，其實不論是何種行業，其中的道理都是相通的，可做為參考。

守成不易

ＩＢＭ於一九八一年八月十二日推出了第一台個人電腦。由於採取開放架構（open architecture），吸引許多硬體、軟體廠商共同參與，所謂ＩＢＭ共容的個人體能是事業的基礎。
有強健的體魄，才有卓絕的精神，
成就偉大的事業。

電腦如雨後春筍般冒出，造就了個人電腦的高速成長。最終只有兩大陣營：ＩＢＭ共容及蘋果，統稱ＰＣ。一台ＰＣ裡，除了中央處理機ＣＰＵ及作業系統（Operating System）分別由英特爾（Intel）及微軟（Microsoft）多年寡占外，其他的ＩＣ及被動元件都可採用不同廠商出產的產品。因此帶動了半導體產業的蓬勃發展，繪圖晶片只是其中之一，Ｓ３也只是眾多公司之一。

前文中敘述Ｓ３創業經歷的辛苦及高成長時遭遇到產能不足的挑戰。其實Ｓ３面對的困難很多，茲列述如下：

一、競爭者增多，造成價格腐蝕。市場雖然成長，也被瓜分，使得營收成長減緩，獲利比開始下降。怎麼辦？任何一家公司自然而然的反應是擴大產品在性能上的優勢，同時利用經濟規模降低成本。當時業界有公正的基準評價（benchmark）做為衡量、比較產品的參考。每一家供應商都企圖使基準評價值變得更好。但是一味地增進基本評價值會遇到一個大問題，那就是遞減的邊際效應（Diminished Marginal Utility），換句話說，當使用者感受不到實際應用上的好處時，客戶就不會多花錢去購買這些多餘的基準評價值了。現今智慧手機也遇到類似情況：處理器有幾個核心？十核心比八核心在應用上更有力嗎？如果答案是否定的，那就要用不同的方式去改進產品競爭力了。

二、當時除了２Ｄ繪圖加速外，對多媒體（視頻及音響）的需求也增多。顯示螢幕蘊釀從笨重的陰極射線管轉換到現今已很普遍的平面顯示器。３Ｄ繪圖則是繼２Ｄ後一個大方向，因此公司開始規劃開發這些新產品。公司的研發資源被稀釋，新員工的素質又不如以往整齊，問題於是一一浮現。多媒體功能後來證明可以用ＣＰＵ跑軟體達成，不需要另外的ＩＣ。Ｓ３提供給平面顯示器使用的繪圖控制晶片，沒有研發成功。３Ｄ晶片的速度太慢，賣不出去。戰線拉太長，執行有漏洞，公司最終以失敗收場。

三、存貨管理在高成長公司是一枚隱形炸彈，問題大時也可以毀掉一個公司。一九九〇年代初期到中期正是ＰＣ高成長階段。Ｓ３業務部門照例把去年的業績乘以一．二，做為次年度的需求依據。我及我的營運部門就到處去張羅產能。除了與聯電成立合資晶圓廠，也與台積電簽約以預付款方式（pre-payment）預訂產能。結果一年後市場需求做了修正，計畫準備的許多產能都用不著，還好並沒有造成太多存貨。終端客戶的需求預估是件困難的工作，即使是有資源的大公司也是如此。在聯電時，美國最大客戶每年所做的預估都很不準，有急單要求時馬上就要，生意淡起來，訂單可以掉一大截，讓生產工廠很難做規劃。有一次我忍無可忍，向對方負責營運的副總抱怨：「你們的生產計畫有什麼公式可循嗎？」這位先生以駕駛汽車為例回答我：「我們無規則可循。當景氣好時，我們一腳踩油門踩到底，當景氣走下坡時，我們一腳踩煞車踩到底。」我只有苦笑。

因為新產品開發不順利，S3的年營收在到達五億美元左右就向下滑落了。守成的確不易。

永續經營最難

如何定義哪些公司能永續經營或有潛力永續經營，確實有點困難。電晶體是一九四七年由三位貝爾實驗室的科學家夏克利、布來頓及巴定發明的。一九五八年德州儀器的傑克・柯爾比發明了第一顆積體電路，據現今不過六十餘年。跟許多傳統產業相比，半導體的歷史算是相對短的。以二〇一四年的營收來看，前十大公司為英特爾、三星、台積電、高通、美光、海力士、德儀、東芝、博通、法意。論年資，德儀是老大哥（一九五一年成立），英特爾（一九六八年成立）次之。德儀一路走來，生產過記憶體晶片、家用電腦、數位通訊處理器（DSP）、手機基頻晶片等等。轉型多次，近年來專注在類比產品。

英特爾成立於一九六八年，早期專注在記憶體晶片。後來發現良率比不上日商，轉型改做中央處理機。恰逢ＩＢＭ發明了ＰＣ，選中英特爾Ｘ８６架構，因而一路搭上了順風車，成長驚人。

在前三名中，台積電成立最晚（一九八七年）是第一家專業生產晶圓的代工公司。因為先進製程技術的研發持續領先，加上生產良率優異，掌握全球代工業五〇％的市占，獲利又高（占全產業的九〇％），成就非凡。

依個人的淺見，一家公司一定要有些基本要素，才能永續經營。哪些要素呢？

第一，有一個正直誠信的文化。文化應反映在公司的各個面向上：對員工、對客戶、對供應商、對社會等等。在大眾的觀感裡，這是一家正派經營的公司，與之做生意，不擔心會受騙上當。正直誠信文化的建立通常是由上而下的要求，由下而上層層遵守執行，行之有年才看得出效果。前不久，台積電董事長張忠謀先生在公開的演講中提到，誠信是他一生做人處事的原則。這種申明或宣誓是很了不起的，代表員工及公司的形象，業界找不到幾個人敢這麼說。

正直誠信文化的建立是由上而下的要求，
由下而上層層遵守執行，
行之有年才看得出效果。

第二，有一個獨立、負責的董事會是很重要的。美國公司的董事會主要負責監督公司的治理與尋找執行長。他們決定高階主管的薪酬結構、公司的企業形象、企業社會責任，更代表股東監督公司的股票價格、長期發展方向。當公司營收、獲利連續二、三季不好時，就會逼執行長拿出對策。執行長拿不出好對策，或新對策沒有效果時，就是換人的時候。

第三，面對困難，早做因應。二〇〇七年聯電最大的客戶通知我，它們將退出手機基頻業務。對聯電來說，這可是一記警鐘。我以為該公司的業務會大幅度下滑，結果沒有。第二年該公司併購了另一家大型類比IC公司，轉型成功至今。百年老店IBM是另一家永續經營成功的例子，在它的歷史上轉型多次。它曾是大型電腦（Main Frame）的第一名，在大型磁碟儲存器也是領先者。迷你電腦時代沒有王安電腦好，但是它發明了個人電腦，改變了全人類的生活。二〇〇四年，當個人電腦業務的獲利不符合公司要求時，就毅然決然賣給大陸的聯想集團。如今IBM轉型成一家軟體服務型的公司，成長及獲利仍然很好。

諾基亞是另一個值得探討的案例。它成立於一八六五年，曾經經營過橡膠及電纜業務。一九六二年進入電子業，一九七九年開始生產無線通訊產品。一九八八年至二〇一二年間，諾基亞成為無線通訊手機+基站的領先者。曾幾何時，因為進入智慧手機市場太晚，造成手機業務的大潰敗，二〇一四年賣給了微軟。它失敗的原因也許很多，但對競爭者的動態不夠敏感，對擁抱新技術，如觸控面板及GPS*不夠積極，讓蘋果及三星捷足先登是主因。

人們形容大公司為八百磅的大猩猩，要大猩猩轉個身很不容易，要大猩猩跳細膩的舞步更難。因此，大猩猩必須及早看見危險從哪兒來，及早調整自己的步伐。

* 諾基亞在二〇〇〇年前投資瑟孚就取得GPS技術。其N90產品有鍵盤可傳送e-mail，但體積大且貴，沒有想到用觸控面板。

第5章 我們這一代

一九四九年國共內戰中，國民黨軍隊戰敗，兩百多萬軍民跟隨蔣中正領導的中華民國政府逃到台灣。台灣當年由於日本二戰戰敗剛剛撤走，也是一片廢墟，經濟蕭條。無論是本省人、外省人生活環境都不好。我們家因為父親罹患結核病，只能做輕鬆的工作，小孩又小，日子過得格外辛苦。身為軍人家庭，我們每個月可以領到配給的米、麵、油、鹽等以減輕生活壓力。配給依年齡分小、中、大口，每個月的某天有軍用大卡車到村子裡來發放，媽媽們拿著瓶瓶罐罐去領取。但發放配給的背後有個悲慘的故事。

母親說剛到台灣不久，有家軍人的小孩大概因為太餓了，去餐廳的廚餘桶撿東西吃，做軍人的爸爸看了傷心欲絕，於是帶了全家人上館子吃了一頓大餐。接著把家人帶到海邊，將太太、小孩一個個推入海裡，最後自己也跳海自盡。後來國防部才決定發放配給。剛開始，配給要自己領回家，於是台北博愛路上有上校穿軍裝、扛米袋的畫面，最終才決定送到眷村去。

記憶裡，小時候夜間碰過燈火管制，軍方以探照燈打的燈光，在黑漆漆的夜空中掃來掃去。但是並沒有敵機投彈，一次都沒有。再嗅到戰爭氣息是八二三炮戰期間，我們每天的戰況消息來自收音機，幾乎每家都有一台，是真空管製作的，那時政府管制消息，多半報喜不報憂。記憶裡我們的空軍十分優越，常有擊落敵機的紀錄，好像是美國提供的響尾蛇飛彈立功。當時，我們空軍眷村裡的士氣是很高昂的。小朋友們無憂無慮，碰在一起時，男生玩圓牌、打彈珠、騎馬打仗；女生則跳繩、踢毽子。就這樣，過完小學生活。

初中（恆毅）、高中（建中）及大學（台大）期間碰到許多本省籍同學與老師。記憶中，省籍從來就不是問題，有時本省籍同學下課講台語，我聽不懂，也不會不舒服，偶爾口角時被罵「阿山」，我也不覺得嚴重，罵我的同學沒有解釋是啥意思，所以我不會生氣。大學裡也沒有和台籍同學談論政治問題，大概工學院功課重，也沒那個閒暇。那個階段是「戒嚴時期」，很多事情不會公開討論。感覺上人人平等，尤其在受教育方面，沒有人有特權，也沒有人被歧視。省籍情結好像是開放黨禁、報禁以後才爆出來的，也才開始注意到一九四七年台灣有個二二八事變。父母親是一九四八年年底到台灣的，他們沒有經歷那一段。倒是最近前總統李登輝說二戰時日本是祖國的言論，激起了一些火花，強烈的辯論在媒體及網路上交火。唉！都九十幾歲了，以前他口中的國家民族不知到哪去了？

我們這一代人在年輕時的機會或選擇很少，大學一試定江山，大概就決定了一個人的未來。大家雖不滿於當時的狀況，但抱怨的人少，默默努力的人多。台灣當時工商業不發達，大學畢業出國留學是潮流，好像沒有人指責政府無能。留在台灣做事的月薪不高，因為我曾有三個工作機會，所以知情。有趣的是沒有出國的同學趕上台灣高科技起飛，受惠於分紅配股，所得也很好。

我們那時候已經聽過美國甘迺迪總統說過的名言：「不要問國家能為你做什麼，要問你能為國家做什麼。」我們也都認為這是對的態度。那時候物質缺乏，工作機會少，可是年輕人士氣反而高昂，人人覺得只要我努力，就可以有比較好的未來。我到美國留學，覺得美國的年輕人也是這麼認為。他們在政府號召下，士氣高昂地與蘇聯進行太空競賽。我們那個時代是一個充滿希望的時代。

政府後來了解無力反攻大陸，於是決定全力建設台灣。九年義務教育的實施提升了國民的素質，增進了國家長遠的競爭力。政府也開始提供中山獎學金給軍公教家庭，以減低他們的負擔。這些優惠及福利都是我出國以後的事。與我年齡相仿的人雖然沒有享受到這些福利，我們卻從來不曾抱怨或要求補償，反而為國家的政策感到驕傲，而予以鼓掌。

不懂現在台灣怎麼了？許多人都要求政府提供各種福利，但是又不願意付出努力。以大學畢業生起薪來說，這應該是市場機制決定的。一家公司的薪資低怎麼能搶到人才呢？當然政府應該訂定最低薪資水準，並根據社會經濟狀況做修改。美國社會也是如此。我們那時候，自己薪水不高是不好意思告訴別人的，只有更加努力。現在則大張旗鼓上街遊行或躺在路上抗議。真搞不懂。

大約是大學二年級（一九六九年），台灣少棒隊在美國威廉波特市奪得世界冠軍。一個蕞爾小島的小朋友可以擊敗日本、美國等棒球大國隊友，而拿到世界盃的冠軍頭銜，全國上下歡欣鼓舞，士氣高漲。那時候我家沒有電視，半夜比賽時間一到，對門黃家兄弟就會來叫我，一夥年輕人又叫、又笑、嘆氣聲、歡呼聲，一陣接一陣直到比賽結束。充分顯現那個時代我們的愛國熱忱是何等熾烈。那時的台灣人心因少棒而團結在一起。後來青棒、青少棒也得到冠軍，有幾年還榮膺三冠王，台灣儼然成了棒球王國。

一九七一年十月我在服役時，中華民國在聯合國的席次被中華人民共和國取代。蔣中正總統為了安撫不安的軍民士氣，給老百姓打心理防疫針，要大家「莊敬自強，處變不驚」。真正讓大家處變不驚、莊敬自強的，是一九七三年展開的「十大建設」。一九七四年當全球承受第一次能源危機帶來的經濟蕭條及失業潮時，台灣啟動了鋪設、改進基礎建設的十大工程。在那個通訊不發達的時代，身為留學生的我們得到的資訊多半來自《中央日報》的海外報，或美國的報章雜誌。在美國同學和老師面前，我們都非常驕傲，為台灣脫胎換骨的轉變而高興。在世界經濟不景氣時，這些大工程提供了許多就業機會，等不景氣過了以後，十大建設陸續完成，台灣的經濟就起飛了。一九七六年五月台灣派遣一支十九人的團隊，到美國RCA學習CMOS生產及設計技術，是台灣半導體的開端。一九七八年八月我研究所畢業。一九八〇年台灣第一家半導體公司聯華電子成立。同年也成立了新竹科學工業園區，為台灣的高科技奠定基礎。

台灣經濟起飛，人民生活改善以後，人民參政的意願也提高了，所謂「黨外運動」的政治訴求及活動蓬勃發展。蔣經國總統在他去逝前幾年，主動宣布解除戒嚴，開放黨禁、報禁，為台灣民主政治打開柵門。同時准許老兵返回大陸探親，讓兩岸隔絕了四十年的親人能重聚，更為兩岸後來的經貿往來打下基礎。這一段時期也是令台灣人鼓舞的年代。

台灣民主化了，政權也輪替了兩次，民主的好處看到了，也體會到了，那就是揭弊。我是在野黨，你是執政黨，為了把你拱下來，我不遺餘力抓你的小辮子，許多見不得人的事情都會被挖掘出來，攤在陽光下。民主的缺點當然也看到了，那就是效率太低，為反對而反對，各級議會都不能為興利便民所需的法規進行適時的訂定及修正；各級民意代表的程度不齊，多是作秀、耍嘴皮子、隨便罵人的不負責任者。這些對我這類高科技從業者來說都是不可忍受的。高科技產業是全球性的。我們早上和美國廠商打電話，晚上則和歐洲客戶聯絡。我們的競爭力反映在技術、產品、價格和服務上。我們道盡產品的優點，爭取客戶的訂單，但是最後做決定的是「眼睛雪亮」的客戶。耍嘴皮子、作秀一點都不管用。我們希望政府在科技上增進我們的競爭力，即使不能像一九八〇年代提供許多優惠政策，至少也能讓科技公司到全球各地去施展抱負，是競是合，該做的都可以做。

台灣花太多精力和時間在兩岸關係上。從一個工程師的視野來看，實在沒有這麼複雜。在競合的光譜上，可能的解決方案沒有那麼多，假如說光譜的最右邊是「戰」，打場獨立戰爭，贏了，台灣就獨立，輸了就被併吞。除了極少數的野心家希望別人去打仗，他們坐享其成外，大家都不贊成此方案。何況台灣的軍力是不堪一戰的。光譜的最左邊是「統一」，因為兩岸的政治制度差別太大，分治了六十多年，文化上的差別也不小，短期之內也不可能統一，那就把這個問題擱一擱吧！再擱個六十年，只要台灣不挑釁獨立，人家也不會打你，國際也不會允許中國打台灣。

既然不戰又不統，大家就和平競爭吧！做做生意，搞搞觀光吧！重點是台灣要做出競爭力和差異化，就像經營公司一樣。以下是我假想的一名台灣大學生和一名中國大陸留學生的對話。

台生：「台灣的總統是人民直選的，做的不好，人民可以天天罵。如果總統貪汙，我們還可以把他關進牢裡。大陸應該施行民主。」

陸生：「可是台灣的議會沒有規矩，沒有效率。常常打架，霸占主席台，幾個月不開會，要不然可以一星期通過四十個法案。你看我們社會主義一年可以蓋一條高鐵，你們連徵收土地就要十年。至於抓貪汙嘛，你看我們習大大抓了多少？」

都對喲！台灣的政黨及政治人物應該懂民主與極權的差異，可是如何解決台灣的問題呢？以下是我個人的淺見。公司管理很重要的一環是建立一套績效考核制度，而且是每年考核一次或甚至每季考核一次。表現不好的員工無所遁形，若不改進，就請他走路。我們的民意代表一選上就可以混四年。人民選他們出來，卻沒有監督權。建議各級議會設立紀律委員會，由社會公正、無政黨色彩人士負責。民意代表有脫序行為時就扣點、扣分。遲到、早退、不開會、打架、霸占主席台等都可扣點，違紀行為重大者，扣得多些，年初每人給滿分，年底來結算，低於可接受的分數時就列入罷免名單。這個監督機制的設計是由民眾共用訂定，可透過公投進行。這是一個民主制度文化的改變，和政黨色彩、主張無關，立意在監督民意代表，要他們認真做事，不負民眾的託付。台灣果真能做到，就可以提高議事效率，通過一些富國利民的政策，建立一個有效率的民主制度，成為中國大陸甚至是全世界民主國家的表率。台灣於是可以有尊嚴地存活於天地之間。

當然光有尊嚴是不夠的，台灣還要好好發展經濟才有前途。蔣經國時代一群技術官僚，如孫運璿、李國鼎、趙耀東等在充分授權下為台灣做出了不起的貢獻，光是新竹科學工業園區的設立，造就了台灣在半導體業僅次於美國的地位。對從矽谷回台灣的我來說，感覺尤其強烈，現今美國的半導體公司，包括英特爾，都把晶圓生產交付給台灣。台積電的年營運額早已是全球第三名，僅次於英特爾及三星。台灣如果多幾家像台積電這樣的公司該多好。如今，半導體成長趨緩了，下一個台積電在哪裡還看不到；下一波明星產業在哪裡，也不明顯。尤有甚者，台灣過去二十幾年的高科技產業發展，著墨於OEM及ODM生產太多，沒有建立創新的文化。

二〇一五年五月一日我碰巧參加台大的創業展示活動，看到一些令人鼓舞的現象。當天參展的新創公司有三十一家，新創技術及產品林林總總，譬如：磁場感應玩具、3D列印、行動顯微鏡、聽力保健、行動醫療等等，軟體的成分很多，每家需要的資金不高，這也許是台灣培養創新文化的一個契機。

二〇一五年初國家實驗研究院政策中心，甄選十位台灣年輕創業人團隊赴美國加州矽谷的加速育成中心受訓兩週。回國後發表他們的心得，《聯合報》加以報導。當我看到一些關鍵用詞，如「不停聊天」、「會講故事」、「要積極」、「創業像呼吸一樣自然」時，不禁發出會心微笑，因為我們當初在矽谷工作時，就是在這種文化裡薰陶出來的。所以我的淺見就是透過科技在各行各業創新，讓台灣成為一個名實相符，真正的科技島。再舉例說明：（一）現在的台灣蘭花，冬天可擺放約三個月，也有多種顏色，和多年前相比，這已是長足的進步。如果能掌握重要的生長因素，讓蘭花在夏天也能擺放三個月，冬天能放六個月，每盆花能賣貴些，讓台灣蘭花成為世界第一。重要的是，關鍵技術一定要申請多個專利，免得被別人抄襲。（二）台灣要加速建立寫軟體程式的能力，從小學開始不算早。寫程式不僅學習程式語言，更重要的是學習邏輯思考，如同數學能力，可以受益一生。希望有一天台灣在軟體上也能造就一家如台積電等級的公司。

我們這一代，幾乎每一個人都是在困頓中成長、學習、茁壯。我們看著台灣從貧窮轉變為繁榮，如今我們又有很強的危機意識和焦慮感。因為我們看見很多不合理的現象和負面的能量在撕裂台灣，摧毀以前辛苦建立的成就。譬如，每到選舉就有政客或政黨跳出來炒作族群和省籍問題以圖利。政客都有一貫的伎倆，把選民劃分為壓迫者（或特權者）及被壓迫者，然後把自己定位為被壓迫者，以爭取同情及選票。二〇一六年大選，我看見有心人士把外省人分為第一代、第二代、第三代等等。其實嚴格來說，除了原住民及荷蘭人後裔，漢族都是外省人，只是早到晚到台灣而已。可是他們以一九四九年來劃分界線，定義外省人。我是一九四九年在台灣出生的，我家是貧戶，從小到大我沒有享受到特權，也沒有受到不公平的待遇，求學成長過程中全憑自己的努力。與我年紀相仿的人都是如此。陳水扁比我小兩歲，他家也是貧戶，透過自己的努力也可以進台大，甚至最後當上總統。這樣的社會還不公平嗎？跟外省人、本省人有何關係？可是就是有人繼續分化台灣人民，繼續播撒仇恨的種子。這對台灣絕對是不好的。台灣在宗教信仰上沒有任何歧視，人民享有宗教自由，彼此尊重，但族群歧視卻會是台灣社會不穩定的隱憂。

我經常看見一些有志之士四處演講，或為文倡議，希望喚起大家的意志和注意力。這其中有兩位令我尊敬，一位是高希均先生，一位是嚴長壽先生，他們都已過退休年齡，本可不問世事，安享天年。他們令我想起《孟子．盡心上》所言：「獨孤臣孽子，其操心也危，其慮患也深，故達。」達或不達，對他們來說可能不重要，他們只想結合志同道合者的力量，希望台灣能更好。

第6章 給年輕人的建議

在這章裡，我想與年輕人一同探討幾個問題，提供一些參考意見，因為年輕人是社會、國家未來的希望，而我們都曾經年輕過，有很多好的和不好的經驗可以分享。

第一項，技能（skills）。以往在高三時會按照每個人的性向分班，理工或文法。大學聯考分為四組：甲（理工）、乙（文史）、丙（醫農）、丁（法商）。如今聽說甄試分得更細，特殊技能如音樂、美術、體育等都可以得到特殊照顧。跟著興趣走是對的。當年我們的父母還會擔心我們的所學能否找到工作，有碗飯吃。如今各行各業都有出路，所謂「行行出狀元」，你的興趣就是你的最佳驅動力，跌倒了也容易再爬起。

你的興趣就是最佳驅動力，
跌倒了也容易再爬起。

第二項，趁早建立英語能力。從高中開始不算早。道理很簡單，全世界懂英語的人口最多，其次是中文。你的中文無論說、讀、聽、寫都很好，可是你的英文就沒有那麼溜，尤其是「聽」和「說」。現在的小孩從幼稚園起就開始補習英文，如果你的家境不好，無法補習，沒關係，從高中起每天花半小時聽CNN或BBC的新聞節目，一方面知道世界各地發生的大事，一方面增進聽力。YouTube 裡的英文影片也是個好選項，你甚至可以找一個自己熟悉的故事訓練聽力，如此聽力增進的更快。至於「說」就要練習了。如果有外國留學生朋友，主動教他中文，你學英文，不失為是個好辦法。如果你將來想縱橫職場，走遍全球，英文是必備的工具。許多歐洲人都會三、四種語言，其中都有英文。

台灣年輕人的英文程度普遍不好。我曾經在自己經營的一家小公司裡做過英語能力測驗，以基本英文文法來說，勉強合格者僅約三分之一；有國立大學工程碩士寫出來的英文句子，實在慘不忍睹。台灣的報章雜誌，報導國外的消息少，電視上更是少之又少，造成台灣社會非常閉塞，民眾似乎只關心本土社會新聞及兩岸關係。而閉塞是內鬥的主因，因為閉塞增添了生命與生命之間盲目的對抗和互傷。有一定水準的英文能力，有助於了解世界大事，建立自己的判斷力，不會被有心人士（如政客）誤導及影響。

第三項，態度。我建議的態度是四個字「自信」（confident）與「謙虛」（humble）。年輕人若有自信就會勇於嘗試，不怕失敗，可是如果過於自信，則容易犯錯，甚至於犯大錯。謙虛的人不會過於自滿，比較有意願不斷學習新事物，但太謙虛則易淪為退縮。自信與謙虛這兩種特質是有點互相牴觸的。一個人如果能兼有自信與謙虛的態度，一定能勇往直前，不疾不徐，不犯大錯，終生學習，具備人生成功的要素。

第四項，建立良好的習慣。習慣表現在很多面向，譬如運動、時間管理、娛樂、嗜好等等。好習慣的目的在建立一個健康平衡的生活，不論單身也好，有家庭也好，都很重要。我在眷村長大，我們從小的娛樂都是不花錢的，如下象棋、圍棋、打籃球、打棒球（橡膠皮球，用竹竿當棒子，沒有手套）等等。父母親管得嚴，不會也不敢抽菸酗酒。父母親都會下廚，也喜歡討論如何燒菜，因此我和大哥也喜歡下廚做菜。尤其年紀漸長應該多蔬少肉、忌油鹽，可以照自己的口味烹飪。二〇〇三年回台灣工作後，養成登山健行的習慣，如今每週定要走兩趟，否則全身會不舒服。但登山要小心膝蓋及腰脊，不見得適合每個人。其實任何適合個人體能、喜好的運動均可，

> 一個人如果能兼有自信與謙虛的態度，
> 就能勇往直前，不疾不徐，終身學習。

重點是要持之以恆。現今的年輕人花許多時間玩電動遊戲及滑手機，很少親近大自然，不是好現象。

閱讀是個好習慣，尤其是讀好書。推薦一本膾炙人口的好書《從0到1：打開世界運作的未知祕密，在意想不到之處發現價值》，是談論創新的。作者是「線上付」（PayPal）創辦人之一的提爾（Peter Thiel）。他對創造新價值提供新角度、新觀念，讓你讀了之後會去思考、咀嚼。閱讀的滿足感，比起玩電動或看一部普普通通的電影，有價值多了。

第五項，價值觀。價值觀通常指面對人、事、物，判斷對錯，做選擇時的取捨標準。一個人價值觀的形成是點點滴滴累積的，與家庭教育、學校教育、社會教育等都有關。我們從小就被教導不可以偷錢，不可以作弊，不可以說謊話等。到了高中、大學，基本的價值觀都到位了。一個正常家庭長大的年輕人在價值觀上通常不會有大的瑕疵。出問題的往往是由於誘惑當頭，把持不住，想抄捷徑，以圖近利。如果僥倖成功一次，更會再試，久了，就形成一個不正確的價值觀，最終總會出問題的。舉個例子：我年輕時在矽谷工作，正值PC和網路產業高成長時代，造就了許多「百萬富翁」，年紀輕輕的工程師名譽與財富都擁有了。「有為者亦若是」許多年輕人起而效之，積極創業。但是有些人走小路，或內線交易，或更改股票釋出日期，甚至偽造財報，造成公司或股東極大的損失，被查到的當然都遭罰款或坐牢。

台灣在高科技界高成長時期也看到類似現象。一些企業家最初靠著政府的獎勵政策竄起，加上媒體的吹捧，有些人以為自己是皇帝，甚至是上帝，獨斷獨行，完全不在乎公司的治理。在市場景氣好、需求強時賺了錢、發了財，早早就吃喝玩樂，沒有在技術上深耕。等到市場飽和、需求減弱，優劣就看出來了。所以「名」和「利」這兩樣東西都很危險，尤其當名和利來得太快時。

藉此提供年輕人一個「安心咒」，可以時時想想，常常唸唸，以安自己的心。那就是「大富有命，小富由勤，知足常樂」。發大財是要靠運氣的，但是只要勤奮努力，可以累積財富，養家活口，讓兒女接受好的教育。請注意，快樂和名利是無法劃上等號的。如果不幸你發了財、出了名，那得格外小心。因為你可能以為自己是天縱英明，是皇帝，甚至於是神，迷失了本性，改變了價值觀，那很可能就是你不快樂的開始。再奉送大家一個「緊箍咒」，那便是「富貴禍之始也，才能身之災也，聲名謗之媒也」，也要隨時想想、唸唸，以警惕自己。

| 大富有命，小富由勤，知足常樂。

前不久偶然點閱了佛光山星雲大師的網站，看到他說的一些鼓勵人也警惕人的話，覺得很有意義，在此與年輕人分享。星雲大師把人分為四等：克己利人者是上等人，利己利人者是中等人，損人損己者是下等人，利己損人者是劣等人。克己利人不容易做到，跟人的基本私心相牴觸，泰瑞莎修女（Mother Teresa）、台東賣菜行善的陳樹菊都是很了不起的人。建中校歌更厲害，要大家「樂群敬業，忘己利他」，忘了自己，真是高標準。我的建議是要有利他的思想，行有餘力則助人。大部分的人都是利己利人。譬如一位小姐去店裡買套洋裝，經過試穿及討價還價的過程而成交，時裝店將本求利，小姐覺得物超所值，皆大歡喜，又繁榮了經濟。所以利己利人是好事，做為中等人是好的。損己損人的例子近些年容易找，譬如自殺炸彈客，造成許多無辜人喪命。殺人者真是低下至極。利己損人者也還真多，台灣的媒體常常報導，譬如偷盜者、詐騙者、賣黑心食品者都是。損人者有時沒有算計好，反而害了自己的也有，真是劣等之人。

期望年輕人要有「利他」的價值觀，行有餘力時就幫助需要幫助的人。施比受更有福，助人為樂，是好買賣，千萬不要害人害己。

接著是給年輕上班族的建議。前面談到許多與創業有關的事情，但是並不是每個年輕人都適合創業。年輕人若能找到一家好公司，找到一份適合自己志趣、能力，充分發揮專長的工作，跟著公司一起成長，是非常好的事。我有同學在美商ＩＢＭ工作直到退休，也很愉快。重點是先找到一家好公司，公司除了要有亮麗的財報，有競爭力的產品與服務外，對公司的企業形象，負責人的名聲也要多了解。如果公司的負責人本身形象不好，經常上法院出庭，試想他會有心思和時間好好經營公司嗎？另外，要特別注意，喜歡上媒體替自己造勢、出風頭的公司負責人。一家上市公司的負責人每季都要面對投資人、分析師報告公司的狀況，其他不必要的曝光能免則免，因為「聲名謗之媒也」，沒事都會惹出事來。

台灣有些年輕人有盲目崇拜主管或大老闆的情況，美國的年輕人比較少見，這是文化差異造成的。中華文化重視輩分、地位造成的尊卑，美國文化則強調個人主義；只要你有理、有本事，美國老闆通常都會聽，甚至鼓勵你。英特爾的安迪．葛洛夫以管理嚴厲著稱，但在開公司會議、面對優秀員工的尖銳問題時，他會很謙虛認真地回答。台灣的媒體喜歡誇大、吹捧人。我每次看見媒體吹捧某某人為神時，心裡就為某某人擔心。世間人就是人，哪有神呢？偏偏有些被吹捧的人還真以為自己是神，於是

克己利人者是上等人，利己利人者是中等人，
損己損人者是下等人，利己損人者是劣等人。
——星雲法師

驕傲了、放鬆了，也就開始走向敗亡、自我毀滅的道路。以高科技產業來說，技術、應用、市場、經濟等許多因素都在快速變動，即使以戰戰兢兢的態度去面對，都有力猶未逮的時候，哪還敢神氣呢？所以年輕人在了解一個人時，一定要長時間的「聽其言，觀其行」，才不會輕易被騙。

公司選對了，也找到工作了，接下來就是看自己的表現。在這裡奉送年輕朋友四個字「專業精神」，也就是我們常聽說的「做什麼，像什麼」。認真、負責、勤快、高標準都是基本的自我要求。除了致力研發的工作，鮮有單打獨鬥者，遵守團隊精神，樂於幫助同儕，達成部門或公司交付的任務，是你的最終目標。樂觀、陽光、沉穩的形象，通常是受大家歡迎的。

一家有制度的公司會訂定清楚的績效考核標準。透過績效考核的過程，你可以知道自己的優缺點和老闆對你的期待。針對缺點改進，你就有更上層樓的機會。我管理過小、中、大型公司，可以告訴各位，在升遷考量時，我會選擇有擔當的人，能達成任務的人。

最後要和家境不好的年輕人聊聊。回首前程，我現今最感激父母的就是他們給我一個困苦的環境，讓我不斷努力向上。貧窮可以勵志，只要你有心向上，沒有人可以

阻擋你。儘可能多讀點書，可以增長見聞。如果資質受限，不會唸書，也要培養一技之長，可以貢獻社會，養活自己。窮人家的小孩在成長、努力向上的過程中，所擁有的籌碼本來就比其他小孩少，因此格外要珍惜。譬如，健康的身體是你的一大本錢，有了健康的身體你可以去打工賺錢，可以每天多讀一小時書等等。而保持健康的身體花費實在不多，當別人在健身房鍛鍊時，你可以去學校跑操場、玩單雙槓；當別人去吃牛排大餐時，你可以去小吃店，注意均衡的營養，通常是省錢又養生。交友也很重要，朋友會互相比較、互相學習。你本來就沒啥零用錢了，偏偏你的好友聚在一起時既抽菸又喝酒，為了融入他們，你也染上了這些習慣，既花錢又傷身，何苦來哉？若是更不幸染上吸毒的習慣，就可能作奸犯科，自毀前程了。《論語．季氏篇》裡孔子說：「友直、友諒、友多聞，益也。友便辟、友善柔、友諞佞，損也。」堅持交好朋友，遠離有壞習慣的人。

台灣現在單親家庭及隔代教養的不少。如果不幸你是其中一員也不要氣餒，尋求老師及志工團體的協助，不要跟別人比「虛」的東西，例如名牌、名車等。常常問問自己：「我是不是在進步？我今年比去年做得更好嗎？」如果答案是肯定的，你的努力自然會累積，你的自信心會增加。再堅持下去，你會進入一個正向循環，終有一天，你會成功。「樂觀奮鬥」是父親贈送給我的座右銘之一，轉送給大家。每個人對成功的定義不同，我的定義很簡單：「不怕失敗，倒下去能爬起來，就是成功。」這也是受我父親的影響。

時代變了，許多觀念及做事的方法也要調整。以教育小孩來說，我們小時候是准許打罵教育的，所謂「棍棒之下出孝子」。可是如今的教育方式很不一樣，重鼓勵，不許體罰。我非教育專家，不在此做深入的比較及討論。不過現代年輕人的耐心及抗壓性較差，則是不爭的事實。尤其是環境比較好的家庭，孩子比較不能體會父母的辛苦，以為要用錢就到機器（ATM）提取就好了。我給家境較好的父母的建議是「花錢買苦吃」，花錢替孩子尋找接受鍛鍊的機會。前不久，我父母家鄉四川營山有個孫輩的女大學生參加「工作及旅行」（Work and Travel）計畫，從陝西飛到美國猶他州鹽湖城一家麥當勞打工。六個女大學生擠一間公寓，並分攤烹飪採買的責任。週間工時很長，週末則搭巴士去各地觀光遊玩。三個月下來，英文聽和說的能力進步許多，也學習到一些應對進退的經驗，可說是成果豐富。台灣有許多從事志工的機會，可以接觸鰥寡、孤獨、廢疾的弱勢族群，透過幫助這些需要幫助的人，家境好的年輕人會比較珍惜、感恩自己所擁有的一切。

小時候寫作文總是不知如何開場，常常都重複用一樣的八股文字，例如「光陰似箭，歲月如梭」。現在為這本回憶錄做總結時，覺得這句開場白是再恰當不過的。人的一生說長不長，說短不短，我雖然已屆退休年紀，仍是耳聰目明，頭腦清楚。只是經營管理高科技公司壓力頗重，尤其是人事管理。人才是經營任何公司行業最重要的資產，加上技術、應用、市場等因素都在快速變動，要把一家公司經營到成功，且持續滿足客戶、股東，並照顧員工，基本上不是一件容易的工作。今後我決定放慢生活的步伐，將重點放在傳承經驗及休閒養生。

我的一生受父母親（家庭教育）的影響很大，學校教育次之。在出國之前就養成了一些生活上、讀書上的好習慣。這些好習慣，讓我在異國求學、工作時，都能適應環境、和別人競爭。

很幸運的，在美國加州矽谷工作居住了二十五年，加州天氣舒適，矽谷高科技產業文化的薰陶更是一大福氣。這裡講究的是科技創新，憑本事競爭，在種族、膚色上的歧視，相對來說是少的。

我回到台灣在高科技界工作了將近十三年，也有一些體會。台灣當初高科技產業的形成，是靠一些有遠見的政府官員的發動及政府的獎勵補助。時機上又湊巧碰上個人電腦的高速成長，造就了台灣高科技產業現今的成就。

電晶體是一九四七年發明的，距今將近七十年。台灣新竹科學園區於一九八〇年成立，至今三十五年。這段期間台灣累積的成果是值得驕傲的，也是令全球許多國家欽羨的。然而用高標準來衡量台灣在半導體產業上的努力，覺得有兩點沒注意到，有點可惜；一是缺少在研發上下工夫，二是沒能塑造一個創新的文化。這兩點又是互為因果的。

一九八〇年代中期PC產業開始起飛，至二〇〇〇年底網路泡沫化約十五年間，台灣的IT及半導體產業在高速成長中，市場需求旺，生意好做，獲利率也高。這時候如果政府提供降低賦稅以鼓勵研發，應該可以在開發新技術上累積一些成果。為什麼要政府介入呢？因為公司通常只會求利潤最大化，增加研發支出是會降低利潤的。台灣的高科技是以OEM（Original Equipment Manufacturer）營業模式起家，基本上是照著客戶要求的產品規格來生產，客戶要求的是低成本、高良率，技術上就遷就、妥協於台灣大多數供應商的交集，因為數量對客戶也很重要。時間一久，台灣廠商爭的是訂單大小、良率及價格，技術上就無差異化了。當然懂這個道理，在技術研發上積極努力的公司，後來就勝出了。

重視研發及專利，久而久之就會重視創新。美國矽谷的創新文化就是這樣形成的，而且會繼續保持下去。矽谷已無矽（鮮有新創半導體公司），應改名為創新谷（Innovation Valley）了。

如自序中所述，撰寫本書的目的有二：一是紀念父母親，二是鼓勵年輕人。第一個目的容易達成。至於鼓勵年輕人我原來不確定，因為我們那一代求學做事的機會很有限，年輕人的心性比較安定。現在的社會選擇很多樣化，反而容易三心兩意。同時台灣的社會結構已有很大變化，單親家庭、隔代教養的很多，年輕人面對的挑戰也很大。所幸李開復兄看過後給了極正面的回應及推薦，他有很多年輕粉絲，比較了解年輕朋友。希望本書能提供年輕人一些「正向能量」。

第三篇　附錄

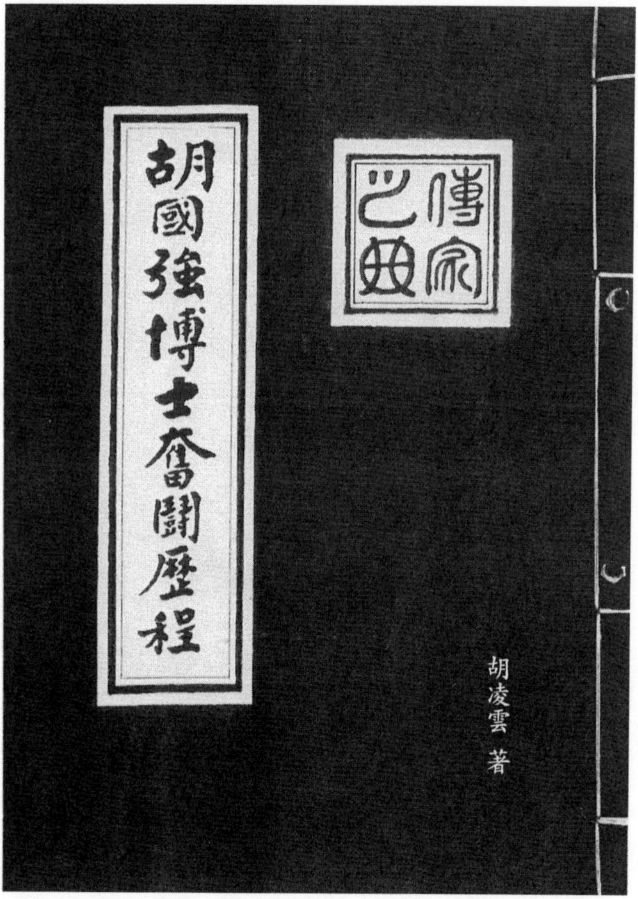

引言

胡氏家族，自清乾隆年間，由有起公自湖北武昌縣符四里回頭嶺移民於四川省營山縣雙河場侍郎塡落籍，歷經繁衍綿延，至今二百餘年，歷十二代，人口亦擴增至一千餘口，二百餘戶，在鎮上久有胡半街之渾號，足徵胡姓為該鎮唯一旺族，清時曾於侍郎塡建有宗祠一所，置祭祀田一百二十挑（約合三十餘畝），每年清明節日，族中長幼齊集祠內祭祀列祖列宗，舉行餐會，並四出掛掃祖先坟塋，以示慎終追遠，子孫昌隆，迄民國三十九年（一九五○）因世局丕變而中止。

祖先遷川二百餘年，傳十二代，均以農耕為生，營商貿者不多，而致力於於文學仕途者更少，余亦農村子弟，成年之後，有感於強鄰侵凌，國難正殷，救亡圖存，匹夫有責之義，棄農從戎，參加抗日聖戰，浴血八年，卒獲最後勝利，無奈內戰又起，余不得已於民國三十八年（一九四九）隨政府播遷台灣。次子國強適於是年農曆八月廿六日，在南投縣草屯鎮誕生，翌年舉家遷至台北市，自此長於斯，學於斯，因時代進步，世變日急，非知識難以救亡圖存，而勉其致力於學，自民國四四年（一九五五）以迄於六八年（一九七九）經廿五年之苦讀奮鬥，而獲得留美博士學位，至今已在美商電腦公司獲得高級主管職位，其於學術方面成就，已蜚聲國際，足可謂文啟宗氏八代之裏，家族中前無古人，為後起者之師法，爰將其奮鬥歷程相關資料，集編成冊，傳之永久，願我後代子孫，永沐祖先遺德，自強不息，惕勵自勉，克紹箕裘，發揚光大，光耀祖先，振興中華，是所至盼。

胡其銘　號凌雲
誌於七十九年十月台北市

胡國強的幼年

我們中國有一本古老的幼教讀物—三字經，這本讀物是專門用來教育幼稚兒童的，開篇便說：「人之初，性本善，性相近，習相遠，苟不教，性乃遷」，這幾句話簡單的解釋是說：一個人自從脫離母體，呱呱墜地，開始一片純白，一塵不染，其本性是真、善、美的，隨着生命與智慧的成長，生活環境的變化，自然而然的學習到很多新的事物，見到很多新奇的現象，其中有好的也有壞的，但不管是好是壞，對一個弱小而幼稚的心靈，影響都是非常深刻的。如果接觸到的景象是真、善、美，自然他的心性就被美好的事物導向而趨於正常的發展，如果接觸到的，是邪惡、醜陋、劣行，他的心性便很容易為醜惡、劣行所矇蔽而習以為常，甚至影響終身無以自拔，我曾經親耳聽到一個小學生的母親教訓他的孩子說：你為什麼好的不學偏去學壞呢？孩子理直氣壯的答復：壞的一學就會，好的很難學吧。可見人性如水是向下流的，一個幼稚純真的心靈，能不教嗎？孟母三遷，祇為改善孟子的教育環境，幼年教育對一個人品格的養成，非常重要。

胡國強的幼年，是在一個極其單純的營區眷村裏成長，平日接觸到的一些景象以及人、事、物都是光明的一面，遊戲玩樂也只能在一些正當的場所，做一些正常的活動，幾乎與外界社會完全隔離，家庭生活教育保持嚴肅，不容小孩有越軌行為，以及接觸到一些醜惡劣行的機會，所以他的幼年，未感染到社會上一般小孩容易感染的惡習，心智保持正常發育，順利的進入空軍子弟小學，接受六年的國民義務教育。

空軍子弟小學

空軍子弟小學，在抗日戰爭前，由航空委員會（空軍總司令部前身）設立於杭州筧橋，專收空軍官兵子弟就讀，抗日戰爭期間隨戰局遷至四川成都，因空軍官兵駐地分散，曾在西安、桂林設立分校，抗戰勝利還都遷至南京，三十八年再遷至台北復校，畢業學生數以萬計，不少空軍將校及空戰英雄，皆出身此校，雖屬空軍私立，但學制課程與社會一般國民小學完全一致，並受當地政府節制輔導，校內師資及教學管理，均屬一流，為一完全國民小學，由該校畢業而升初中的升學率，相當的高，（當時尚未實施九年國民義務教育，升初中須參加聯合招生，錄取才能升入公立學校就讀）胡國強於民國四十四年（一九五五）進入該校第廿八屆就讀，五十年七月畢業，在學期間品學兼優名列前茅，曾獲得台北市長模範學生獎及信用合作社理事主席品學兼優獎，基礎教育正常，參加升學聯考，錄取應無問題，但事出意外名落孫山，為始料所未及，失敗情由另篇再敘，

知恥

知恥近乎勇，有恥的人，一定有恥不若人的覺悟，有知過能改的勇氣，胡國強在少年時期，對這方面便有所領悟，因為在家庭教育方面，平時對於中國傳統文化：禮義廉恥，忠孝仁愛信義和平，四維八德等道德觀念，特別注意教導，時時利用機會加以論解，所以對其品格的陶冶，心性的修養，甚具功效，小學六年始終保持品學兼優，該班導師李錦銘對他頗為器重，時加稱道，畢業典禮前夕，導師告知：可能有領獎表揚，回去請家長出席觀禮，典禮我去參加了，但領獎完畢，沒有叫到他的名字，便當場埋首痛哭，覺得恥辱，有恥不若人的強烈反映，可見平時培養在內心的道德觀念，適時便會校出光芒來。

失敗為成功之母

胡國強在空軍子弟小學畢業，升市立初中要參加聯合招生，錄取才能入學，報名後準備考試，學校導師及親友鄰居，都認為以其平日成績，錄取應不成問題，殊不知事出意外，聯考第一天第一節考完數學下來，和幾位參加考試同學會集校對答案，發現自己的錯了，當場便哭泣起來，以後幾科可能情緒激動不穩受到影響，考得也不理想，結果落榜了，這次失敗，有血有淚，對一個童稚的心靈來說，真是一次無情的打擊，慘痛的教訓，接着參加了兩次私校招生考試，均被錄取，選擇了一所教會學校、台北縣私立恆毅中學就讀，自此便痛下決心，刻苦勤讀，充實自己，獲得了突出的成績，奠定了以後成功的基礎，應驗了失敗為成功之母這句名言。

愛拚才會贏

胡國強參加初中聯考失敗，不能不考慮將來的出路問題，當時以我自己為例，當一個職業軍人，拿薪水養家活口，吃不飽餓不死，的確沒有出息，不如讓他學門職業，學個謀生技能，也好自立，於是帶他去報考大同公司私立大同工學院初級班，及台北縣私立恆毅中學，兩所學校都被錄取，可任選一所就讀，但是聽說，大同工學院初級班畢業，並不能直接考升高級班，高級班亦不能考升工學院，必須再經過聯考錄取，才能上進，這樣將來因所學課程不同升學阻力更大，為了不阻礙孩子升學發展空間，只好放棄，恆毅中學是一所教會學校，校規較嚴，師資也不亞於各公立學校，因此就讓他去註冊入學，一來因為初中聯考失敗的刺激太大，二來私立中學畢業參加高中聯考，想要考取一流好的高中，機率不大，所以一進學校就開始拚、初中三年獲六個第一名，並獲得全勤獎和操行甲等獎，台北縣兩任縣長成績優良獎、在學三年統共、獲得二十九張獎狀，應該算是一項破紀錄的事實，這一階段，可以說他沒有一分鐘不在奮發拚鬪，同時在這段時間，也是他生活最艱苦，遭受最大磨練的時間，每日五時起床，七時以前步行二三里至公路車站，趕搭公路局交通車，中午帶隻便當，只能說充饑，談不上營養，更無零用錢代用，偶而他母親給他一枚二毛錢的角子，在路上買只冰棒解渴而已，那時候一個上尉軍官，每月七八十元新台幣的薪水，要維持一個五口之家一個月的生活費用，真是天曉得，有了失敗的教訓，艱苦生活的磨練，更堅定了他不屈不撓的拚鬪精神，不斷的拚鬪，日新又新，獲得了學業與事功，與時俱進，不但沒有落在別人的後面，也沒有落在時代的後面，所以愛拚才會贏。

奮鬥精神

民國三十八年(一九四九)攜家帶眷，隨著政府播遷來到台灣，當時台灣甫從日本統制了五十年後收回，在其戰敗前夕，已將所有民間資財，蒐刮一空，接收之後，真是民生凋敝，百廢待舉，我們軍人生活，更因物資缺乏，幣值不穩，增加艱困，次子胡國強適於此時(當年農曆八月廿六日)在南投縣草屯鎮誕生，未久遷至台北市定居，其在苦難中成長茁壯這段歲月，由磨煉煎熬而激發出一種改造社會環境，改善人類生活的意志力量，憑持其知難行易的信念，困知勉行，培養成一股莫之能禦的奮鬥精神，這種精神對一般意志薄弱的人來說，稍遇一點挫折失敗，即灰心喪志，消極厭煩而喪失，是難有成就的，但對一個企圖心旺盛，奮鬥精神強勁的人來說，則是愈挫愈奮，百折不撓，自強不息的，正因為他能始終保持這種奮鬥精神，就學就業，數十年如一日，而能跟上時代步步前進，未落在時代的後面，由此我們瞭解到一個人的智慧不足恃，財勢不可持，惟有奮鬥精神，才是成功立業的保證，惟願我賢子孫，世代相傳，蔚為家風。

榮譽第一　無往不利

儘管社會上諸多事物，都可利用各種關係，管道，達到通融，舞弊的目的，但求知求學，必須真功夫，無法造假，縱然也有考試舞弊或請槍手做假等事實存在，但總是一時僥倖而且是少數中的少數，瑕不掩瑜，真實的能力，仍能表現出來，胡國強在初、高中這六年時間裏，切切實實下了一番苦讀的工夫，奠定了良好的基礎，以後參加各種考試，便無往不利，高中畢業，除參加大專聯合招生考試外，同時參加了全國各軍事學校聯合招生考試，並經聯招會公佈以總成績498分高分，名列國軍57年度各軍事學校聯合招生甲組第一名，錄取國防醫學院醫學系，各報均予報導，復因考取台大工學院符合其升學志願而放棄習醫，並赴台大註冊就讀。

我們國家的兵役制度，凡中華民國年滿20歲的男性國民，均有服兵役的義務，服役期限二至三年，按陸、海、空軍兵種區分，服役那一兵種，則以抽籤方式決定，不能自由選擇，役別則分預官役與士官(兵)役，大專畢業學生經考選及格者，施以軍事教育後，給予少尉官階服預官役，未經考選及格及高中以下學歷者，一律服士官(兵)役，胡國強台大畢業經考選及格服預官役，抽籤抽中空軍，開始新兵訓練，三軍中不分單位性質，均以榮譽第一團結為先，作為相互競賽、考核、評定優劣標準，胡國強在新兵訓練中心參加政治教育測試成績優異，榮獲指揮官頒獎表揚，新兵訓練結束，分發空軍通信電子學校接受專業訓練，畢業成績第一，獲校長賜頒榮譽獎狀表揚，服完兵役，參加留美託福考試，一般成績五百多分便可通過，他卻考了六百多分，順利通過留學前各項測試，獲教育部核准，於民國六十二年放洋出國。在軍中服役期間，軍中的榮譽制度，一切均須競賽評比，一般缺乏意志力的人，不勝其煩，深以為苦，那裏有什麼心得，但對一個企圖心旺盛，已具有奮鬥精神的青年，則正是錦上添花，如魚得水，有日新其德，凌霜雪而彌堅的功效，有助於成功立業，無往不利大也。

別人能我為什麼不能？

胡國強在青少年時期，受環境因素的刺激，影響很大，由內心萌生一種使命感，希望將來有能力改善社會，服務人羣，因而有了研究科學學習理工的概念，尤其認為習工，更容易直接表現出來，有了這一概念，等於是確立了他一生行為的方向，奮鬥的目標，憑着別人能我為什麼不能的志氣，以王陽明先生的「知行合一」哲學、孫中山先生的「知難行易」學說為信仰基礎，求知力行，即知即行，孜孜不息，窮理研幾，以創造未來，達成奮鬥目標。

一個人的思想，有了哲學的基礎，無論遇到什麼危險困難，或重大失敗挫折，其信仰意志，仍然堅定不移，勇往直前，不致有所動搖，這樣便能建立偉大的事業，成功其改造社會，服務人羣的理想了。

無悔

在我的概念裏，我是認為一個人生成長的歷程裏，幼年時期最為重要，這個階段對他的生活習慣，人格，品性，都是為父母的管教，生活環境的情況所左右，影響是直接的，在現今這個功利的社會裏，多數家庭夫婦同時在外工作，對子女照顧都不週延，遑論教育，但幼年生活在一種無拘無束的複雜多變的空間裏，能不犯錯，無有後悔嗎？知道犯錯，及時覺悟悔改的，仍能步入正途，成就非凡，所謂知過能改，善莫大焉，不過一個幼年成長在有良好的管教純潔的環境裏，不犯錯後悔者，仍佔絕對多数，胡國強的幼年，我已提過，是在一個純正的生活空間裏，不離父母的情況下成長的，培養成善良的品性，正確的人生觀，能辨是非，知所當為與不當為，入學期間，隨着知識年齡的增長，一直都未犯過錯誤要後悔的事，我的記憶裏，在他高中畢業，考上台大，同時考上國防醫學院，我本想要他去讀國防醫學院，因為學醫也有很好的前途，後來一想，這是魚與熊掌之辨，他已有自己的辨識能力，應讓他自由選擇，他認為學工比較符合志趣，就進了台大，以後出國留學，婚姻，事業，一切由他自作主張決定，至今未聞他有什麼錯誤後悔的事，應該說是無悔。

後記

胡國強出國留學後，留下一大堆書籍、畢業證書、獎狀、成績單等，相關資料，經彙整後，用隻公文箱裝了一大箱，擺在房間的角落裏，多少年都無人去理它，但每次搬家總覺得笨重，搬運不方便，變成了累贅，這次我想把它處理掉，書籍已不適於現代使用，將來把它送給圖書館或收買舊書的，至於畢業證書、獎狀、成績單等，都是經過努力奮鬪得來的，埋沒毀棄了實在可惜，於是我把它整理出來，原先想用照相方法保存下來，結果不理想，然後採用複印，並將其大中小學心路歷程，暨當時生活困苦，簞食瓢飲，艱苦奮鬪經過，就記憶所及真實情況之犖犖大者，追記其中，裝訂成冊，既可留作紀念，更可傳之子孫以為典範。

綜觀其數十年經歷，成就未必可貴，可貴者志氣、勇氣與奮鬪精神也，後起之秀，倘能踵武前賢，宏揚其大志，以繼往開來，重振家聲，則區區微意，便不致白費了，

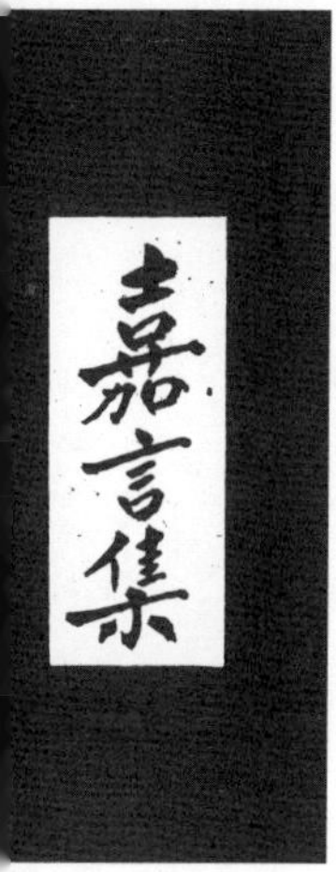

廷彬孫兒：

我留給你們每人一份紀念冊，內容多為中華民族固有文化的一鱗半爪，也是我的部份人生觀，中華文化的特質，是精神與物質兼容並蓄，與西洋文化的偏於物質截然不同，希望你好好保存着，成年之後，不時拿來觀摩一下，體會一番，或許對你有所助益。

祖父　親留

中華民國八十二年七月於台北

勤

勤能補拙，
勤則不匱，
一勤天下無
難事。

儉

儉以養廉，
儉可袪除心
中的貪念和
妄念。

三省吾身

日必自我檢討思想、品德、事功、言行，缺失之處，及時改進。

立志是人生第一步，有志者事竟成，無志者庸碌一生，隨波逐流，一事無成。

一分耕耘一分收獲
憑自己勞力智慧獲致
的成功才是真的成功.

生於憂患死於安樂

科學愈進步，社會的變化愈快速，我們生存在這大時代中，如果不提高自我的「憂患意識」，作安善的策劃、準備、調適，說不定一瞬間便有被巨浪吞噬的危險。

20

有學識而無良知的人，遠比無學識而有良知的人，危害社會人民更大！

英雄造時勢，而不為時勢
所支配；你不要向明天
將有怎樣的變化，而要向
你自己想要變成什麼
樣的明天。

信心 恆心 決心
延章座右銘
志氣 勇氣 正氣
祖父 台北

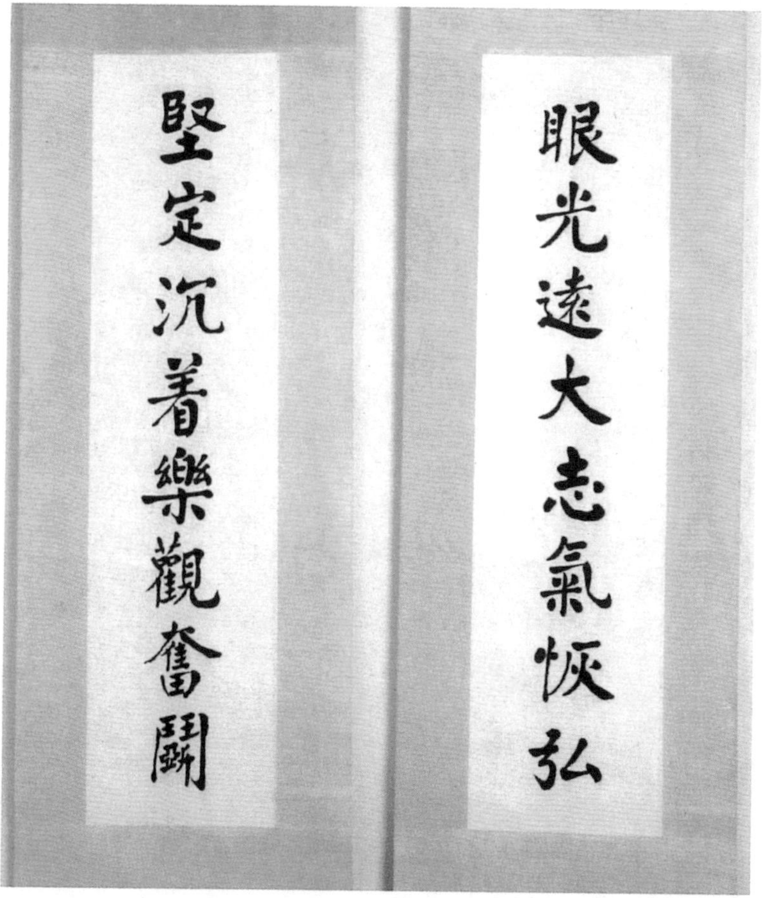
眼光遠大志氣恢弘
堅定沉著樂觀奮鬭

文信國公正氣歌

天地有正氣。雜然賦流行。下則為河嶽。上則為日星。
於人曰浩然。沛乎塞蒼冥。皇路當清夷。含和吐明庭。
時窮節乃現。一一垂丹青。在齊太史簡。在晉董狐筆。
在秦張良椎。在漢蘇武節。為嚴將軍頭。為嵇侍中血。
為張睢陽齒。為顏常山舌。或為遼東帽。清操厲冰雪。
或為出師表。鬼神泣壯烈。或為渡江楫。慷慨吞胡羯。
或為擊賊笏。逆豎頭破裂。是氣所磅礡。凜然萬古存。
當其貫日月。生死安足論。地維賴以立。天柱賴以尊。
三綱實係命。道義為之根。嗟予遘陽九。隸也實不力。
楚囚纓其冠。傳車送窮北。鼎鑊甘如飴。求之不可得。
陰房闃鬼火。春院閟天黑。牛驥同一皂。雞棲鳳凰食。
一朝濛霧露。分作溝中瘠。如此再寒暑。百沴自辟易。
嗟哉沮洳場。為我安樂國。豈有他繆巧。陰陽不能賊。
顧此耿耿在。仰視浮雲白。悠悠我心悲。蒼天曷其極。
哲人日已遠。典型在夙昔。風簷展書讀。古道照顏色。

民國八十年春節胡凌雲恭錄於台北

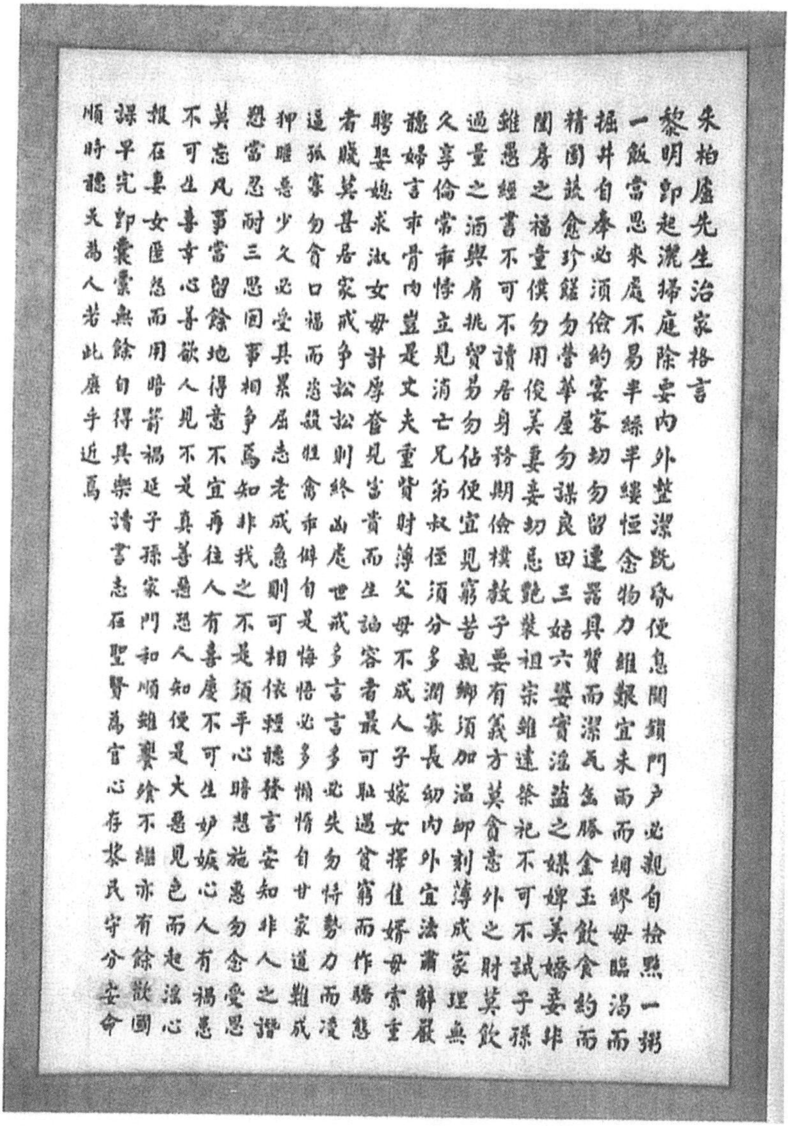
朱柏廬先生治家格言
黎明即起灑掃庭除要內外整潔既昏便息關鎖門戶必親自檢點一粥
一飯當思來處不易半絲半縷恆念物力維艱宜未雨而綢繆毋臨渴而
掘井自奉必須儉約宴客切勿留連器具質而潔瓦缶勝金玉飲食約而
精園蔬愈珍饈勿營華屋勿謀良田三姑六婆實淫盜之媒婢美妾嬌非
閨房之福童僕勿用俊美妻妾切忌艷妝祖宗雖遠祭祀不可不誠子孫
雖愚經書不可不讀居身務期質樸教子要有義方莫貪意外之財莫飲
過量之酒與肩挑貿易毋佔便宜見窮苦親鄰須加溫卹刻薄成家理無
久享倫常乖舛立見消亡兄弟叔姪須分多潤寡長幼內外宜法肅辭嚴
聽婦言乖骨肉豈是丈夫重資財薄父母不成人子嫁女擇佳婿毋索重
聘娶媳求淑女毋計厚奩見富貴而生諂容者最可恥遇貧窮而作驕態
者賤莫甚居家戒爭訟訟則終凶處世戒多言言多必失勿恃勢力而凌
逼孤寡勿貪口福而恣殺牲禽乖僻自是悔悟必多頹惰自甘家道難成
狎暱惡少久必受其累屈志老成急則可相依輕聽發言安知非人之譖
愬當忍耐三思因事相爭焉知非我之不是須平心暗想施惠勿念受恩
莫忘凡事當留餘地得意不宜再往人有喜慶不可生妒嫉心人有禍患
不可生喜幸心善欲人見不是真善惡恐人知便是大惡見色而起淫心
報在妻女匿怨而用暗箭禍延子孫家門和順雖饔飧不繼亦有餘歡國
課早完即囊橐無餘自得其樂讀書志在聖賢為官心存黎民守分安命
順時聽天為人若此庶乎近焉

企業傳奇20

我們這一代：一個半導體工程師的回憶錄

2016年9月初版　　定價：新臺幣380元
2016年10月初版第二刷

著者　胡國強
總編輯　胡金倫
總經理　羅國俊
發行人　林載爵

出版者　聯經出版事業股份有限公司
地址　台北市基隆路一段180號4樓
編輯部地址　台北市基隆路一段180號4樓
叢書主編電話　(02)87876242轉223
台北聯經書房　台北市新生南路三段94號
電話　(02)23620308
台中分公司　台中市北區崇德路一段198號
暨門市電話　(04)22312023
郵政劃撥帳戶第0100559-3號
郵撥電話　(02)23620308
印刷者　文聯彩色製版印刷有限公司
總經銷　聯合發行股份有限公司
發行所　新北市新店區寶橋路235巷6弄6號2F
電話　(02)29178022

叢書主編　鄒恆月
協力編輯　曾琴蓮
封面設計　萬勝安
內文排版　林婕瀅

行政院新聞局出版事業登記證局版臺業字第0130號

本書如有缺頁，破損，倒裝請寄回台北聯經書房更換。　ISBN　978-957-08-4785-7 (軟精裝)
聯經網址 http://www.linkingbooks.com.tw
電子信箱 e-mail:linking@udngroup.com

國家圖書館出版品預行編目資料

我們這一代：一個半導體工程師的回憶錄/
胡國強著．初版．臺北市．聯經．2016年9月．
272面．14.8×21公分（企業傳奇：20）
ISBN　978-957-08-4785-7（軟精裝）
[2016年10月初版第二刷]

1.胡國強　2.回憶錄

783.3886　　105013700